胡海牙 著
蒲團子 編訂

胡海牙文集

仙學理法篇
（增訂版上册）

心一堂

書名：胡海牙文集・仙學理法篇（增訂版上冊）
作者：胡海牙
主編：蒲團子
責任編輯：陳劍聰

出版：心一堂有限公司
地址／門市：香港九龍尖沙咀東麼地道六十三號好時中心LG 六十一室
電話號碼：+852-6715-0840　+852-3466-1112
網址：sunyata.cc
　　　publish.sunyata.cc
電郵：sunyatabook@gmail.com
網上書店：http://book.sunyata.cc
網上論壇：http://bbs.sunyata.cc/

版次：二零一四年十月初版
平裝

　　　港幣　　一百二十八元正
定價：人民幣　一百一十八元正
　　　新台幣　四百九十八元正

國際書號：ISBN 978-988-8266-96-8

香港及海外發行：香港聯合書刊物流有限公司
地址：香港新界大埔汀麗路三十六號中華商務印刷大廈三樓
電話號碼：+852-2150-2100
傳真號碼：+852-2407-3062
電郵：info@suplogistics.com.hk

台灣發行：秀威資訊科技股份有限公司
地址：台灣台北市內湖區瑞光路七十六巷六十五號一樓
電話號碼：+886-2-2796-3638
傳真號碼：+886-2-2796-1377
網絡書店：www.bodbooks.com.tw
台灣讀者服務中心：國家書店
地址：台灣台北市中山區松江路二〇九號一樓
電話號碼：+886-2-2518-0207
傳真號碼：+886-2-2518-0778
網絡書店：http://www.govbooks.com.tw/

中國大陸發行・零售：心一堂書店
深圳地址：中國深圳羅湖立新路六號東門博雅負一層零零八號
電話號碼：+86-755-8222-4934
北京地址：中國北京東城區雍和宮大街四十號
心一店淘寶網：http://sunyatacc.taobao.com

陳攖寧先生與胡海牙先生合影

胡海牙先生早期影像

胡海牙先生與趙樸初先生等宗教人士

胡海牙先生與孟懷山先生

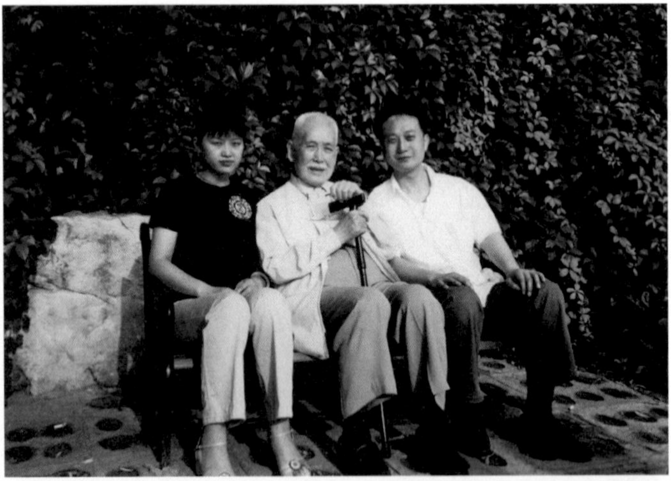

胡海牙先生與弟子

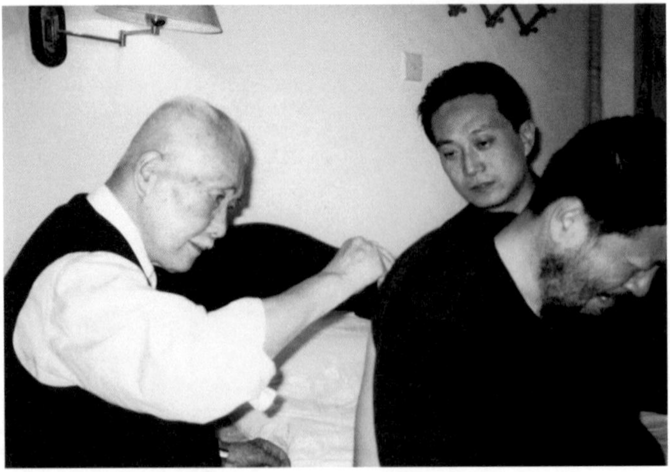

胡海牙先生向弟子傳授醫道

胡海牙先生審讀文稿

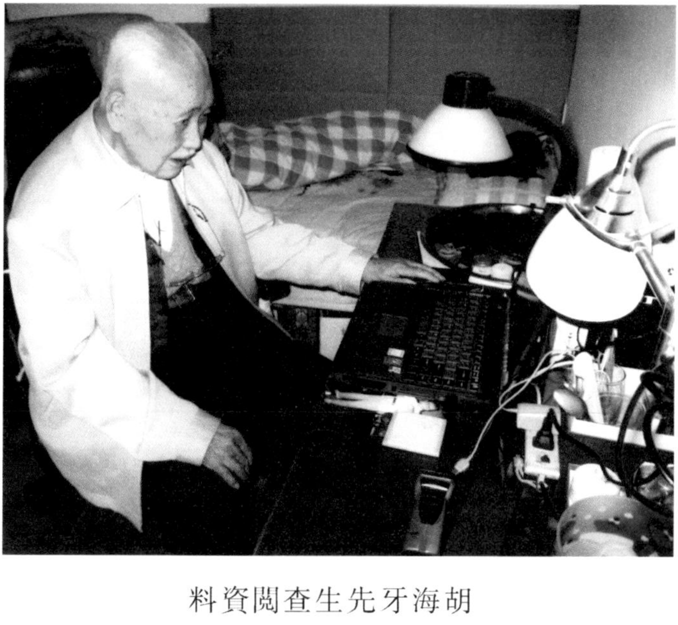

胡海牙先生查閱資料

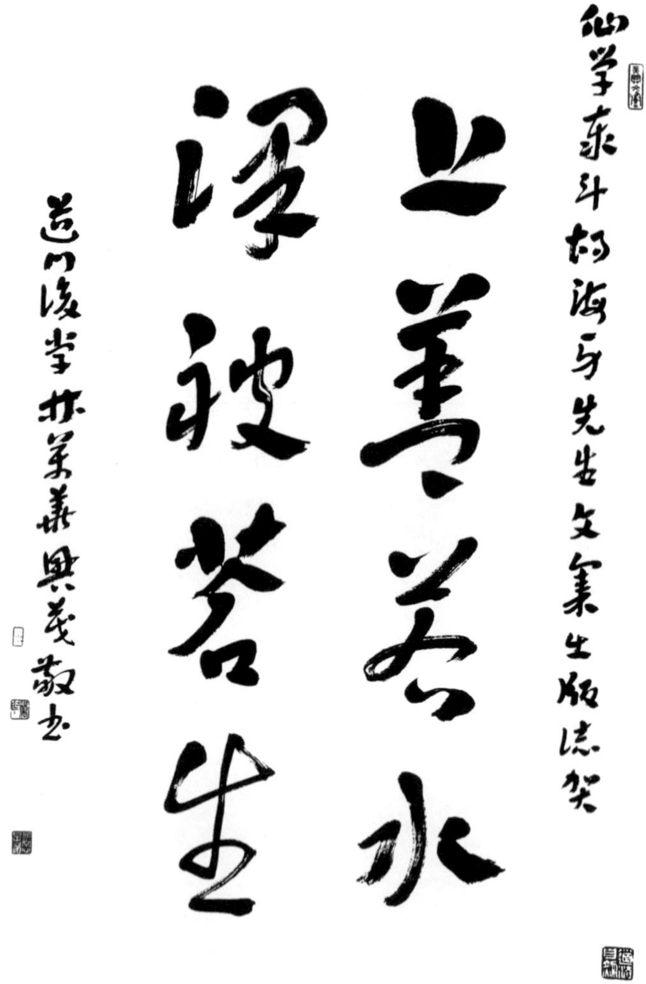

林萬華先生題詞

胡海牙先生小傳

師姓胡，初名維新，後改名師尚，號海牙，道號亟中子。生於一九一四年，浙江紹興人。中國農工民主黨黨員，著名中醫師，中國道家仙學學術的繼承者、研究者。北大醫院主任醫師、教授，中國道教協會第四、五届理事會理事，中國道教文化研究所丹道、醫藥、武術顧問，中華非物質文化遺產研究會永遠榮譽顧問，北京東方書畫研究社會員。

一九二〇年，師六歲，母親趙蘭英因難產不幸辭世。十歲時父親胡阿耀病故。雙親謝世後，師孤苦伶仃，由年踰古稀的外祖母撫養，並送到私塾讀書。不久，因家境困難，經濟無力爲續，只得忍痛退學。

一九二七年，師十三歲，經其舅父介紹，到紹興東關人壽堂藥店做學徒，遂師從店主人紹興名醫邵佐卿先生學習中醫針藥。學徒期間，特別留意邵先生遺方用藥之特點。邵先生之子夢相，與師年紀相仿，兩人常一起玩耍，師遂就醫學中不明之處，求教於邵夢相先生，必能得到滿意之答覆。師因讀本草類醫書，聞服某某藥可輕身，服某某藥可長生，服某某藥可成仙，遂對仙家長生之術産生濃厚興趣，開始閱讀仙道書籍，並隨藥店管賬先生，長生道信奉者俞嘉仁先生持齋、唸經、打坐。

一九三二年，師十九歲。因隨俞嘉仁先生遊上虞龍會山，喜山水之秀麗，宮觀之奇偉，遂流連盤桓於龍會山之道觀。一九三三年，二十歲，因慕仙道，辭去藥店工作，上山學道，並師從孫孟山先生學習古琴及金石書畫。次年，因已學習完山上的修養知識，始下決心遊歷各名山寺觀，以期尋訪高眞大隱，探求仙家究竟。一九三三年至一九三五年，除遊訪江浙名山之外，在上虞行醫施診。因醫術高明，且不收診金，頗受村民之歡迎，遂送「半仙」之號。

一九三五年前後，師曾住金華赤松宮，遇孫抱慈先生，並因從孫先生處得閱揚善半月刊而識陳祖攖寧先生，且與陳祖建立了書信來往。一九三九年回上虞。一九四一年左右，受赤松宮陳友蓮道長之邀，與上王村一位朋友常駐金華赤松宮，除管理赤松宮外，每天有很多的時間做修養工夫。一九四二年四月，聽聞日寇要上山掃蕩，潛遁至後山浦江陳雲龍家中。不久又重返金華山修整金華觀。這段時間，胡師一直於金華、浦江、蘭谿一帶行醫濟世，頗負盛名。

一九四五年，師定居杭州開辦慈海醫室，專門從事中醫診治工作。在行醫中，獨得道教北七眞之一馬丹陽針法之心傳。一九四六年，經張竹銘、孟懷山二位先生介紹，於杭州佑聖觀正式拜一代道學大師、仙學學術的倡導者陳攖寧先生爲師，研習中華自軒轅黃帝以來延綿數千載之仙學學術，頓悟「塵世亦深山，一榻卽禪床」。

一九四八年，師通過考試，取得當時中華民國政府衛生部頒發的「中醫師證」中字第三一六九號和考選會中醫師考試及格證書醫中檢字六四三一號。

新中國成立後，爲了研究針灸之眞諦，師與浙江醫學院陳同豐教授通過屍體的解剖來探索經絡與神經的關係，並結合臨床實踐，達到行針可視經絡穴位若無存，下針卽有效果。對古針法多有創新，提出「師古人心，無襲古人迹」的觀點。又於一九五三年取得杭州市中醫師學習西醫進修班畢業證書，和由中華人民共和國中央人民政府衛生部頒發的「中央人民政府衛生部中醫證」中字六三二一號部照。行醫之餘，多次爲浙江省中醫進修班培訓針灸科實習醫生。

一九五三年四月，將陳祖攖寧先生接至杭州安養。在此期間，師徒得以共處，探究研討仙學學術與中醫針藥知識，經陳祖系統講授參同契、悟眞篇、黃庭經等仙家要典及黃帝内經、傷寒論、金匱要略等醫學經籍，乃盡得陳攖寧先生三元丹法眞訣之傳授。

師在杭州開設醫室的同時，隨通背拳名家龔成祥先生學習通背拳、硃砂掌，隨劉百川先生學習刀裹加鞭，又隨奚誠甫先生學習楊式太極拳。一九五四年，在鈎山樵舍從黃元秀先生處得武當對劍之傳授，從海燈法師演習羅漢拳、四巴掌等。一九五五年加入中國農工民主黨。一九五六年，代表浙江省出席全國十二單位武術觀摩評獎大會。

一九五七年，陳攖寧先生到北京任中國道教協會副會長兼秘書長，師隨侍陳先生進京，照顧陳先生的生活。同時，師每日上午在白雲觀開設四小時門診，下午和晚上從事道教研究。同年，於北京地壇公園結識吴式太極拳名家劉晚蒼先生，隨劉先生學習太極推手。

一九五九年，經宗教事務局何承湘局長協調，師接受北大醫院原北京醫科大學第一附屬醫院聘請，白天去北大醫院工作，晚上回白雲觀照顧陳攖寧先生，並做道教研究。在北大醫院工作時，遇杭州蔣玉堃先生，知蔣先生亦曾追隨黄元秀先生學過武當對劍，在北京一直苦於無人對練，便相約在北海公園同操對劍，再續武當對劍劍譜並終修訂完稿。這時政治運動風雲突起，師爲陳攖寧先生計，勸陳先生不要再在講話中宣揚仙學，把主要精力放在道教研究上。

一九六六年夏季以後，中國道教協會一切工作失去正常，時任中國道教協會會長的陳攖寧先生也終日處於不安的情緒之中，以致早年煉外丹時汞中毒的舊病復發，於一九六七年住進人民醫院。由於這家醫院離胡師工作的醫院很近，師便親自炮製藥物給陳攖寧先生服用。鑒於當時形勢紛亂，師勸陳攖寧先生寫下遺囑。在這份遺囑中，陳攖寧先生除了說明將自己的財物全部捐給國家，把書籍留給胡海牙外，還詳細地記錄了自己的病況，及胡海牙用藥挽救自己生命的過程。遺囑也預言自己活到一九六九年，也就是九十歲。師遵照陳攖寧先生遺囑的意願，把陳先生的所有積蓄全部上交中國道協。

一九六九年，師被以「反動學術權威」的名義下放到江西龍潭的幹校勞動，不得不離開相伴多年的老師陳攖寧先生。這一分別，最終未能再見陳先生一面。在幹校時，師和光同塵，白天勞動，夜晚默行功夫。一九七二年因國家落實政策，師乃回京，繼續從事醫療工作。這一年，師得識李瑞東一派太極拳傳人韓來雨先生，並隨其學習太極拳，得太極拳之眞諦，將以往所學融會貫通。韓來雨先生去世後，師又請劉晚蒼先生移駕北海公園練拳，並隨劉先生學習馬眉刀、八卦掌等。

一九八四年，師擔任中國農工民主黨北京市委員會文史資料工作委員會聯絡員。一九八六年擔任中國農工民主黨北京市委員會文史資料委員會委員，同年經統戰部審定獲高級專業技術職稱。

師醫術高明，善治疑難雜症，在行醫中根據「先治未病，兼治已病」的治療原則，並將仙學養生方法有機地融於中醫治療的臨床實踐中，每以治命爲主，而使病痊癒，效果極爲顯著。常有同行名醫，遇有不能治癒之疑難病患，往往推介師處，以求生機。患者每每能得到滿意之療效。師更深入研究針灸學中經絡穴位與針刺手法的奧妙，得出從治療局部症狀而協調全身功能，最終根治疾病的治療方法，在手法上達到觸一毫而動全身之效果，被同行譽爲「神針」「胡一針」「一針定乾坤」等。對貧寒患者，師不取診金，醫藥雙施，頗得患者愛戴。

師曾從學於多位内家拳、外家拳名師，深諳内家拳法，並將内家拳法中養生的内容有機地融入醫學治療之中。在施診時，對一些需要運動來解除的疾病，師每每教患者一二内家拳運動，讓患者自行練習，短期内卽可免除病苦，長期練習又可强身健體。

師因得陳祖攖寧先生學術之全部，數十年如一日地實踐着仙學功夫，並對陳攖寧先生的仙學思想有所增益，又將中醫針藥與内家拳法納入仙學體系之内，使三元丹法、中醫針藥與内家拳法相結合，完善了仙學學術，開創了仙學學術的新局面。從二十世紀八十年代開始，常撰寫一些有關仙學修養方面的文章，以發揮仙學養生之價值。並對因仙學知識來函及來訪者，無論識與不識，均詳細答覆，訪者多能受益。曾屢次受邀赴美國、澳大利亞、香港等地講習中醫針藥及仙學知識，頗受歡迎。

師今年九十八歲矣，故此將師之文稿結集出版，並據師平日之口述及相關資料簡述師之事蹟。

弟子蒲團子、李巴特謹撰於二〇一一年十二月二十八日農曆辛卯年臘月初四

增訂版序

今年年初，心一堂出版社陳劍聰先生根據讀者的反饋意見，提出將胡海牙文集一書分成仙學理法與太極拳劍兩部分重新出版，以方便讀者選擇閱讀及攜帶，並建議最好再增加一些與先師海牙先生相關的內容。由於海牙老師於二〇一三年九月二十七日仙逝，故愚與當時一同爲老師整理文集的巴特兄進行商議後，決定根據出版社的提議，對文集的文章進行重新分類，並修正原版中文字方面的不足。

增訂版分爲上下兩册。上册題曰仙學理法，包括記事篇、仙道篇與其他篇三部分。在保持原有内容的基礎上，仙道篇增加了仙學入手工夫闡釋一文。此文是我當日與老師討論及回覆讀者信件時一些重要問題之摘錄，可作爲入手用工之參考。下册題曰太極拳劍，包括記事篇、太極眞銓、武當對劍、養生操二種及内家八段錦五個部分，是將原有内容進行重新排列。文末所附關於習拳悟道一文的一些説明一文，是對網上流傳頗廣的習拳悟道、載浮載沉聽皮膚及陰蹻一脈秘不宣等借海牙老師之名發表的文章中的錯誤進行約略之説明。還有一些網絡上流傳較廣的，名爲海牙老師撰著的文章，在編訂胡海牙文集時老師明確指出不能收錄。這些問題在胡海牙文集出版後均有朋友提及，故在此作統一說明。

由於增訂版分爲上下兩册單獨出版，爲了體現當初編訂此書之目的與過程，兩册之前均附老師的小傳及原版序文。另，兩册分別增添了多幅老師較爲珍貴的照像及手稿照片。

老師雖已仙逝，但願其文集的重版，能推動老師學術的傳播，讓更多喜歡這門學問的人受到益處。

二〇一四年八月十一日農曆甲午年七月十六日蒲團子於存眞書齋

原版自序

先師陳攖寧先生在世的時候，我很少寫文章。一是因爲醫務工作太忙，沒有時間去寫；二是攖師的文章精彩絕倫，很多文章有他寫就可以了。雖然攖師屢屢勸我多寫寫文章，但我還是寫得很少。攖師仙逝後，特別是二十世紀八十年代氣功大潮時，很多朋友知道我跟攖師學道多年，遂通過各種渠道找到我，跟我探討氣功養生方面的學問。特別是一些氣功學習者因患「氣功病」來醫院找我求治，使我不得已寫一些文章，談一談氣功與養生的問題。也有一些喜歡傳統仙學的朋友，希望我能談談攖師與我畢生研究的仙學學術，故而也在閒暇時寫了一些關於仙學的文章。因爲我的工作一直很忙，還時時要接待來自各地的來訪者，有時自己無暇親自撰寫相關文章，就自己口述，由學生記錄並整理好後再做修改，然後或贈來訪者，或公開發表。其間也有一些年輕朋友，見我工作繁忙，或將在我處聽到的，或將我文章中的意思經過發揮，撰成文章，以我的名義發表。他們中有的因聽不懂我的紹興話而把很多事蹟記錯，有的則對我意思沒有完全明了，因此，這些文章存在不少漏洞。

今年端午節前一日，學生蒲團子在我家中，提及想將我以往的文稿結集出版。時學生李巴特也在場，覺得此事很有必要。一來可以把多年來零散的文稿集於一處，二來也可以將以往文稿中的不足之處作以修正。蒲、李二人隨我學仙多年，這些年也一直跟我出門診，他們二位又都從事文字工作，故而請他們對文稿進行統一的整理、修正，我比較放心。以我名義發表的習拳悟道及載浮載沉聽皮膚、陰蹻一脈秘不宣等文章存在很大的問題，故這次文集的整理，這幾篇文章我囑他們不能收錄。其他文章，除了修正錯誤及不當之處外，凡内容相近者，或合爲一篇，或只取其一，以免有太多的重複文字。

前幾天，他們將整理好的文稿及具體的修改内容向我匯報，基本上删除了不合理的部分，對不足之處也進行了補充。蒲團子與香港心一堂出版社陳劍聰先生熟稔，故委託其聯繫相關出版事宜。

另，本文集所選，包括往事回憶、仙道研究、内家拳法及與仙學相關的其他内容。醫學方面内容不包括在此文集内。

辛卯年臘八日胡海牙述於北京

原版李序

端午節前一天，在胡師家中，蒲團子學兄談及欲將老師以往之文稿結集出版。我認爲這是一件好事。老師從二十世紀八十年代開始撰寫養生類、仙學類的文稿，一直未能結集成册，顯得較爲零散。再者，老師今年已九十八歲，將師之文稿結集出版，也是對老師以前研究的一個總結。

因我與蒲兄均從事文字工作，老師便讓我們二人對文稿進行疏理，並告訴我二人，哪些方面需要修改，哪些内容需要合併，哪些文章不可採用等等。蒲兄隨師學習時間最久，對老師的文章及學術思想了解得也比較詳細透徹，故我與師商議，將文稿整理的主要工作交由蒲兄完成，我負責協助工作。

書稿初步整理完成後，蒲兄將文稿交給我，囑我仔細閱讀並做修改。通讀全書，文字方面基本没有問題。因爲這些文章大多是公開發表過的，也經過老師多次修改，故我只對其中部分已不適合現代實際情況的内容提出了一些修改意見，並與蒲兄商議後，經老師同意，在原文中做了修正。然後再與蒲兄經過幾次校閱，最終定稿。最後將定稿及修改的具體内容向老師一一匯報，得到老師認可後，由蒲兄負責聯繫出版事宜。

本書共收錄老師文稿近五十篇。太極眞銓雖由多篇文章及舊拳譜組成，然均爲太極拳修習之法要，可看作一部完整的著述。武當對劍乃師與蔣玉堃先生對黃元秀先生所傳劍法的整理，是一部完整的獨立著述。

全書除中醫針藥内容外，涵蓋了仙學中的三元丹法與内家拳法，理法兼備，是喜好仙學、熱愛養生人士不可或缺的學習、研究資料。其中部分養生法門，方法簡單易學，對健康身體、祛除疾病頗有佳效，也是老師在臨床中常向求診者傳授的養生方法。

此書出版之際，老師囑我作序。遵師囑，謹述顛末如是。是爲序。

辛卯年臘月初十日弟子李巴特謹序

原版蒲序

海牙老師的文章，或見於相關的雜誌，或傳於諸學生中或訪道者中，頗爲零散。數年前，我曾跟老師談及結集出版之事，然由於俗務繁雜，未能完成。今年端午節又與老師談及此事，時李巴特兄也在老師家中，認爲此事頗有必要。老師遂將此任務交由我與李兄完成，並詳細給我們談了整理原則，讓我們將不合理的內容予以刪除或修正，將内容重複之處進行相應的合併、取捨，而對一些不合適的文章則不予收錄。李兄因我跟老師學習的時間較長，對老師的文稿比較了解，故讓我先將文稿匯集、修改。初稿整理完成後，我將文稿交與李兄再做審改。李兄對不妥之處復提出自己的看法，並經老師同意後，在原文中進行了修改。幾經校閲，定稿後，我與李兄又將稿件及整理中的相關細節向老師做了匯報，經老師允可，遂交由出版社正式出版。

本書所選，包括老師的回憶文章、仙道研究與論述、内家拳法、武當對劍及其他相關的文章等方面。老師醫學方面的思想及答各地讀者問道函等内容，本書未錄。

老師將届百歲，將老師的文稿結集出版，既方便了我們學習，同時也算是對老師以前思想著述的滙總。希望此書的出版，也能對關心老師及喜好仙道學問的朋友們有所裨益。因我有幸幫老師整理文稿，故老師囑我記述編訂之過程。遵師囑，謹述成書經過如是。

辛卯年臘月初十日弟子蒲團子謹記

目錄

胡海牙先生小傳……（一）
增訂版序……（七）
原版自序……（九）
原版李序……（一一）
原版蒲序……（一三）

記事篇

胡海牙自傳……（三）
憶先師陳攖寧先生……（七）
我所知道的假神仙……（一二）
補記……（一七）
附：胡美成先生給胡海牙的兩封信……（二〇）

話說扶乩……（二五）
我在金華山的時候……（三一）
我與古琴……（三五）

仙道篇

仙學概述……（四一）
一、三元丹法……（四二）
二、中醫針藥……（四八）
三、内家拳法……（五〇）
仙學大義——陳攖寧先生仙學理論串述……（五二）
仙學是一門特殊的科學……（五三）
仙學研究與修煉的原則……（五五）
仙學的歷史與近代之傳承……（五七）
仙學的基本内容……（五九）
傳道之師與載道之器……（六三）

仙道研究之要義……（六七）
學仙及畢業……（六八）
仙家的歸宿……（六九）
學仙與成仙……（七二）
仙學研究之必要……（七四）
研究仙學之著作……（七五）
結語……（七六）
神仙・仙學・道教……（七八）
神・仙・神仙……（七九）
仙學長生科學論……（八四）
神仙實有論……（八八）
仙學與道教的關係……（九一）
關於道教……（九二）
談陳攖寧仙學的科學性……（九四）
三元丹法的研究與科學……（九四）

中醫針藥在養生中的科學意義……（一〇六）
内家拳法在養生中的科學意義……（一一一）
結語……（一一四）
晚婚與養生……（一一六）
仙學與氣功養生……（一二四）
古代仙學修煉中的法財侶地……（一二八）
法……（一二八）
財……（一三一）
侶……（一三三）
地……（一三四）
黃元吉論内法財侶地……（一三六）
結語……（一三七）
從還精補腦談起……（一三八）
「還精補腦」之來源……（一三八）
養生、丹道與還精補腦……（一四一）

還精補腦之弊……（一四二）
房中與仙道之不同……（一四五）
白雲觀雜記……（一四七）
張伯端與金丹道……（一五五）
開悟之後……（一五九）
劍仙揭密……（一六四）
欲保長壽，先補虧損……（一七一）
彌補虧損實爲急務……（一七二）
彌補虧損的修煉……（一七三）
修煉要旨……（一七五）
養生小術遠非金丹大業……（一七八）
隔岸閒談——兼致震陽道長……（一七九）
仙學口訣舉要……（一八三）
一、天元丹法……（一八三）
二、論藥……（一八五）

三、採小藥妙訣……（一八六）
四、火候……（一八七）
五、玄關一竅……（一八七）
六、性與命……（一八八）
七、辟穀與成仙……（一八九）
八、論眞空煉形法……（一九〇）
九、論雜念……（一九一）
十、防偏之法……（一九二）
簡談靜功……（一九三）
仙學拾遺……（一九八）
學仙緊要……（二〇〇）
仙學是一門獨立的學術……（二〇三）
陳攖寧仙學初步……（二〇九）
讀書窮理……（二〇五）
博覽群書……（二〇七）

相互參研……（二〇八）
分別對待……（二〇九）
勤學好問……（二〇九）
靈活運用……（二一〇）
入門靜功……（二一一）
聽皮膚法眞義……（二一五）
修道要做得靈魂的主人……（二一八）
仙學入手工夫闡釋……（二二一）

其他篇

仙學指南序……（二三三）
陳攖寧仙學養生全書序……（二三九）
道德經五種序……（二四一）
仙學必成未定稿成書經過……（二四三）
參同契講義序……（二四六）

業餘講稿序……（二四八）
非子不語——陳攖寧仙學研究系列叢書總序……（二五〇）
仙學必讀序……（二五五）
仙學輯要序……（二五九）
寧夏道教史序……（二六九）
答劉承遠聽胡海牙老師講氣功雜談筆記要點問……（二七一）
答意大利某先生二十四問……（二九〇）

記事篇

胡海牙自傳

一九一四年二月十七日，我生於浙江省紹興縣壺觴鄉十沿頭村一戶農民家庭。我六歲時母親趙蘭英不幸辭世，十歲那年父親胡阿耀病故。雙親謝世後，我成了孤兒。年逾古稀的外祖母憫我孤苦無依，將我接到家中撫養，並送到魯迅先生的同宗周老師的私塾讀書。

一九二七年，我十三歲，因外祖母家生計艱難，無力供我繼續讀書，只得忍痛退學。舅父託人將我送到紹興東關人壽堂藥店做學徒，店主人邵佐卿先生是當地的一位名醫，就這樣我和邵先生成了師徒關係，故我稱呼他老師。由於我無法交納一百塊銀元的拜師費，又無法支付招待參加收徒儀式的諸多賓客的酒席錢，惜未能舉行正式的拜師儀式。

在學徒期間，我特別留意老師在診病時的一言一行及處方遺藥，甚至老師平時讀什麼書，我都要即時記錄下來。我在學習上很認真，也很刻苦，沒想到這竟是我畢生從事醫療保健事業的開端。

在工作之餘，我開始閱讀醫藥書籍，凡遇到不懂的地方，就向邵老師的兒子邵夢相師兄請教。他待我很好，每次都是有問必答，直到我完全聽懂爲止。特別是讀本草類書籍，每讀到某味藥久服輕身，某味藥久服長壽，某味藥久服成仙飛昇等内容時，我都有濃厚的興趣，幾乎到了如癡如醉的地步。於是我開始購買仙經道籍類書籍，認眞苦讀，苦苦尋求修煉成仙的方法。這時我又向藥店管帳、同仁社長生道信奉者俞嘉仁先生學習唸經和打坐參禪，並開始喫素。當時他對我影響很大，我很迷信他。

一九三三年，我十九歲，俞嘉仁先生帶我遊覽上虞縣龍會山，進山後我見山色秀麗，宮觀奇偉，道觀内還有刊印善書者，他們很喜歡好道的年青人，約我在山上和他們學習印書技術。纏延了一些時日後，我纔回到藥店。

二十歲從東關孫孟山先生學習古琴及金石書畫，琴與書法從此成爲終身伴侶。

一九三四年，我帶着一部道德經，同兩位年青的同事上山學習仙道。不料給介紹人招了麻煩，還吃了官司，不久這兩位年青的同事就回去了。我決意不回去，在山上住了一年多，把他們會的東西學到手後，我決定下山，開始遍遊名山寺觀，尋訪高眞大隱。雖然學到了很多修煉方法，但都不甚滿意。

在我遊訪金華赤松宮時，有道友留我住下來靜修，不久日寇侵佔了金華，我便翻山到了浦江、蘭谿一帶行醫，求診的人很多，一時間竟頗負盛名。我怕躭誤修煉，又回至金華的雙龍洞側結廬做修煉功夫。忽一日，孫抱慈道友携揚善半月刊給我看，我立卽被上面的仙學文章吸引住了，從此知道了攖寧先生。此後便開始給先生寫信求教，不料竟得到了詳細答覆，這種聯繫一直到了一九四五年日寇投降後。我下山到了杭州，在銀洞橋二十九號開設慈海醫室應診，漸漸有了些收入後，我到上海去拜謁了攖寧先生，從此和先生的往來開始頻繁。

一九四六年攖寧先生在杭州佑聖觀舉行收徒儀式，正式收我爲入室弟子，開始傳授我天元、地元、人元丹法及道教各派眞修實煉功夫。我纔頓悟「塵世卽同深山，一榻便是禪房」，三五知音共議仙道亦是道之所在，從此還俗修煉。

一九四八年獲國民黨政府衛生部簽發的「中字第三一六九號」中醫師證書。新中國建立後，經考試，參加西醫學習班學習，畢業後又取得了中央人民政府衛生部頒發的「中字第六三二二號」中醫師證書。繼續行醫後，還爲浙江省中醫進修班多次培養針灸科實習醫生等。

在一九四五年師母辭世後，先生一直是孤身一人，生活不穩定。爲了照顧先生起居，我特意在杭州西湖慈海診室旁邊買了一棟樓房，於一九五三年四月我將先生接到了我家，並請先生住到樓上。除應診外，我與先生朝夕相處，形影不離。先生除傳授我三元丹法，還系統地給我講解了黃帝内經、難經、金匱要略、傷寒論、參同契、黃庭經、悟眞篇等經典著作。經先生細心教授，獲益良深，僅數年工夫使我在中醫理論方面有了自己的獨特見解和獨出心裁的治療方法，且多療效顯著。

一九五四年在杭州鈎山樵舍，從黃元秀先生和海燈法師學習武當劍和羅漢拳。一九五五年加入農工民主黨。

一九五七年國務院宗教局調攖寧先生到中國道教協會任職，我亦隨調至京，在中國道教協會研究室任研究員。

一九五九年，我被調到北京醫科大學第一醫院即今北大醫院内科、針灸科任主任醫師迄今。

胡海牙一九九七年四月於北京

憶先師陳攖寧先生

二十世紀三十年代，先師陳攖寧先生首倡仙學，把道家道教流傳數千年的內丹學推向社會，並順應了時代的發展，從而產生了深遠的影響。

我十九歲時立志學道，先是棲居浙江一帶的道教名山，如龍會山等，持齋靜修。爲了求師訪道，曾周遊江浙一帶的道教名山。後來我在金華雙龍洞住茅蓬時，有一道友帶來一期揚善半月刊，上面的仙學文章吸引了我，我也知道了陳攖寧先生的名字。從此我開始寫信向陳攖寧老師請教，陳老師均回信詳細做答。這樣，我和仙學結下了不解之緣。後來我開診所行醫，有了收入，便去上海拜見老師，來往逐漸頻繁，從此以後不再訪師。一九四六年，陳攖寧老師在杭州佑聖觀正式收我爲徒，接納我爲入室弟子，介紹人是張竹銘和孟懷山二位師兄。

新中國成立初期，陳攖寧老師孤身一人，生活不便，我便請老師到我家中居住，以便照顧他的生活。一九五三年四月，陳攖寧老師終於來到我在杭州的診所——慈海醫室。不久，我在診所旁邊買了一幢樓房，供陳老師居住。從此，我一直負責照顧老師的生活起居，並隨其學習仙學、中醫學等知識。當時老師專門爲我講解了周易參同契、黃帝内經、悟眞篇等經典。我本想供養老師靜修，等他活到一百多歲之時，再把他的經驗貢獻於世，證明仙學的成功。可是以後情況的變化，打亂了我的設想。

不久，經浙江省文史館館長馬一浮先生舉薦，老師被聘爲浙江省文史館館員。馬先生曾多次向陳老師請教周易參同契中的疑難問題，他對陳老師的仙學成就非常佩服，並稱老師爲「科學神仙」。一九五六年，中共中央統戰部和國務院宗教事務管理局爲了籌備成立全國性的道教組織，四處打聽陳攖寧老師的下落，終於在浙江省文史館查到他的名字，於是請他去北京開會，商討成立中國道教協會事宜。老師從北京回到杭州後，對我說準備推選他擔任道教協會秘書長。而秘書長是要駐會的，這意味着就要離開杭州。我擔心這樣會妨害他的功修，勸他最好不要去京。我誠懇地對他說：「如果你去北京，很難保證活到一百多歲。」後來，北京派人來請，並將工資送來，陳老師便同國務院宗教局介紹了我的情況及我跟他的關係，宗教局同意我陪伴陳老師一起到京。我們於一九五七年來到北京，住在白雲觀内。因爲中醫施今墨先生早在二十年前，曾經孟懷山師兄介紹，拜在陳老師門下，但師徒關係僅限於書信函授，從未相見。我到京之後，即去通知施先生，他馬上乘坐黃包車，進入白雲觀内拜謁老師。記得剛見到老師，他感慨地說：「拜師二十年，未見師一面。」當面還向老師獻了長壽藥方，以後便常來看望老師。

來到白雲觀後，陳老師主持道協工作。開始我被安排在道教協會研究室擔任研究員。一九五九年一月，北大醫院今北京大學醫院第一附屬醫院邀請我去那裏工作。此後，我白天在醫院上班，晚上回來照顧老師的生活。我們住在一起，無話不談，有時聊至夜深。那時的政治運動一個接一個，爲了陳老師的安全，我勸老師不要再在講話中宣揚道教仙學，把主要精力放在道教研究上。

一九六六年夏季以後，中國道協一切工作失去正常。爲了避免陳老師受迫害，我勸他白天裝病，夜間可以出來散步。當時的局面，使老師終日處於憂患之中，長期不安定的情緒，以致煉外丹時汞中毒的舊病復發，一九六七年住進人民醫院。這所醫院離我工作的醫院很近，我便親手炮製藥物，下班之後帶去給他服用。我看到局勢混亂，生死難測，不得不做兩手準備，於是勸老師寫下遺囑。並說明，所有財物我一概不要，只要求把書籍留給我。老師也覺得應當對未來的事情提前有個安排，於是在一九六七年十二月寫下了遺囑。老師懷着一顆赤誠的報國之心，囑咐把他終生的積蓄一萬元捐給國家。當時他把存摺交給我，我交給了道教協會的畢加芳。同時還上交了金條、銀元等。這筆錢在那個時代是個不小的數目，都是老師生前辛辛苦苦積攢的道資。並且，老師知道自己的老化情況，即使用藥也有限度，斷言自己活到一九六九年，就是九十歲了，然後會毫無痛苦地離去。老師希望走後能够葬在白雲觀的道教墓地，同道友們在一起。並且說明，他的一切藏書歸我處理。後來我被下放幹校勞動，不得不離開老師。臨別時去醫院看他，他對我說：「我要回去。」隨後又說了一遍：「我要回去。」當時我没有聽懂這句話的意思，告訴他家裏没有人照顧他，讓他安心在醫院。但等我回來時，陳攖寧老師已然羽化而去了。正如他兩年前所預言的那樣，九旬世壽，撒手而去。不然他的仙學思想一定能够發揚光大。

陳老師終生治學，精通道家各派丹功仙術。但是，爲了仙學事業的健康發展，他只以弘揚三元丹法爲己任。三元丹法之中，又以清修丹法爲主，閉口不言難以公開的神秘道術。這裏僅舉兩例，以作說明。

劍仙法門，始終是秘密的一門神功。昔年老師訪道期間曾眞傳。他對我談過修煉劍仙的過程，要在深山老林人跡罕至之處，尋覓藏風閉氣之地，築起幾圈高大圍牆，防止野獸侵犯，然後藏於其間，訓練劍氣。但是老師從不以術駭世，人罕知之。揚善半月刊裏面提到的劍客梁海濱先生，於一九三四年，有一次和老師同乘火車，談起劍仙功夫，老師寫出劍仙口訣給他看，梁先生看後大爲喫驚，認爲勝過自己，要求鈔錄下來，陳老師没有答應。

六壬之學，是術數門三大分支之一。老師生前藏有一套六壬秘書，曾經親手爲之校正做註。若非對六壬學有獨到造詣，決不敢輕易註解此書。

從以上事例，可見老師隱學之莫測。當年張三丰祖師雖然創有内家拳法，却只談丹道而不言拳術，他們的出發點都是一致的，就是爲了避免高深的金丹大道流而爲小法小術，以維護大道無私的純潔性，可謂用心良苦。

我所知道的假神仙

按 此文原是我寫給胡美成先生的一封私信，在追求雜誌公開發表後，頗具反響。故在原信的基礎上，我又略做修改，力圖使其更爲完善，始成此文，以饗讀者。

我雖深居簡出，近來也漸被人知，左右不便。尤其於氣功，本不願深談，但以氣功界之紛繁，詰問者日多，我也不得不言其簡要，矯枉以正。如有機緣，吾亦擬將之公諸世人，大白於天下，非敢言立德，實杯水救燃薪耳。

查所謂「神通變化」，以宗教家言，大致兩類。一類是了脫生死者，是佛陀、神仙以不壞之法身應運變化；一類是得方術者，是方士、巫師以速朽之幻軀取巧嘩眾。他們二者的區別，一個仿佛是大學教授講解唐詩，一個好比三尺孩童背誦宋詞，天壤之別自當不可同語。

古人也僅僅把「神通」作爲一個修道的副產品，並非眞實目的。「血肉身軀且歸泡影，何況影外之影；山河大地尚屬微塵，而況塵中之塵。」有人以爲神通可以改變客觀規律任意恣行，那就大錯特錯了。只是我們現在面臨的仍不是這些學術方面的研討，倒確乎應該是聲討一些借氣功之名而行魔術戲法之實的「氣功大師」之流的時候了。諸如目前的「神通」也可稱爲「假冒商品」，不妨開一個「僞劣產品展覽會」，以免珠瓦同價，害人不淺。

一九五八年，全國名山道士雲集北京白雲觀開會。其間閒談起北京日僞時期有位叫王顯齋的活神仙，便約好桐柏宮道士伍止淵同去拜訪他的一位學生謝鴻賓先生。家住後海的謝先生曾經是銀行界的，去拜訪他時已退休，是園林管理局顧問。我們問起他師父王顯齋，他說王顯齋由甘肅初到北京時便住在他家，以後纔遷至寶產胡同倉頡廟。王這個人會作詩、刻印、雕貝殼，還會武術。接着他便着重講了王的「神仙事蹟」。

日僞時期的一個冬天，大雪紛紛不絕。王顯齋突然說某某地方有一個窮人快要餓死了，叫謝買了一袋麵粉坐黃包車送去。謝找到地址，果然見到一個快要餓死的人躺在地面墊了稻草的破蓆上，這個人問謝某是什麽人，怎麽知道他快死了，謝便如實相告。他痛哭流涕感激不盡。謝當時非常奇怪，對王顯齋敬服不已。

王顯齋到底有多少歲呢？有一天，王顯齋提出要去看他的祖墳，謝先生陪同前往。墓碑的最後一個名字就是王顯齋。按這個墓碑的年份算，這時他已三百多歲了，謝至此尤其相信。

又有一次，幾個朋友約王去遊香山，別人都坐車去，而王顯齋偏要走路去。他們同時從一地出發，等汽車到了香山，王顯齋早已在山頭叫他們了。這件事還記載在他死後的紀念碑碑文裏。

還有一件怪事，北京、天津、上海同時請他喫飯，他同出現在宴席，並拍照爲證。這就是所謂他有分身之法。此事轟動了當時社會各界，驚動了日本人，於是把他抓了起來。可他很快又逃回來，找到謝先生，說以後別來找我了。謝不知何故，執意要照顧師父。王看到學生心誠，就說，那麼好，你某時某刻再來吧，但一定準時，既不能早也不能晚。謝準時進倉頡廟，但見王顯齋半個身子在門檻裏、半個身子在門檻外，已經是死了，可屍體還是軟的。於是謝就按他的遺願，將他埋在倉頡廟這間房子的地底下，並不像碑文中所美化的那樣遍訪諸友、讖語預言、從容而亡。

臨走，謝先生送給我們一張保存在倉頡廟的王顯齋先生傳碑文拓片。回來後，同去的伍止淵道士眞的相信王顯齋是活神仙，我却逐一分析給他們聽：

(一)接受麵粉的人是王顯齋的聯手，二人蓄謀已久，互相利用，互相作假。當時哀鴻遍野，困者無數，每日倒臥不知千百，何以單單去救他一個呢？

(二)關於年齡，他是把別人家的祖宗三代認到自己的牌位上，名曰「借屍還魂」。利用這個墓碑上的名字，藉以推算年歲，都是爲了欺騙旁人。

（三）逛香山一事更是故弄玄虛，實際上他的車子早已準備好了。試問：他的車子能不能超過人家的車子呢？

（四）所謂分身法，另外兩張照片其實早就準備齊了，同時間照的三張照片只有一張是眞的。三市千百里之隔，誰又能分身去探測眞實情況？又如何這麼巧，三地同時主宴，同時留影爲證，大肆宣揚以耀其能，豈非無緣無故！

（五）「昇天」之事更屬荒誕，果是陽神出竅，豈有肉軀？既然屍體是軟的，以我醫家眼光看，可能是喫安眠藥自殺的。至於爲什麼要自殺，很明顯，騙術破產，怕日僞再抓，嚇得自殺了。

（六）王顯齋會武術、通詩書，很可能有些健身衛體的本領，亦兼曉一點佛道的小法，這樣騙起人來更是如魚得水，快哉悠哉了。

基於以上，我斷定「王神仙」是個大騙子。

有一次我同唐生明先生**註** 唐是唐生智之弟，全國政協委員 閒談，講了假神仙王顯齋的故事，沒想到倒引起他告訴我一件他親身經歷的眞人眞事。「八・一三」以後，唐生明在湖南當警備司令，遇到一個神仙周仲平，自稱五遁俱全。所謂五遁，就是金木水火土全能隱遁，就像封神演義裏的土行孫，遇到土就能鑽進去。另外，他想要什麼就能來什麼；點什麼地方的名菜，立即就能從房間壁櫥裏拿到；誰的金銀首飾丢失了，告訴他份量、式樣、字號，他就能原樣給你找回來。他花錢如流水，打麻將輸贏都不在乎，結果大家都神仙般地供着他。後來湖南省主席何鍵調走，張治中上任一查國庫少了很多錢，抓來管庫的審問，他坦白他有個老師周神仙經常跟他借錢，所少的錢都是他借去的。張治中聞言大怒，立即打電話給唐生明，下令槍斃周神仙。唐取來手令，立即抓來這位周神仙。周仲平向唐生明求救。唐說：「你不是五遁俱全嗎？你要火給你火，要水給你水，逃掉好了。」周跪下來如實講那都是假的，首飾是首飾樓打來的，菜也是準備好的。唐生明哭笑不得，只得將這位活神仙槍斃了。

二位神仙雖難免一死，但都不得善終，這也是歷來此類騙子的下場。

至於今日的某些「特異功能」者，顯然遠不及此二位「活神仙」靈光，僅僅一兩手小魔術竟然瞞天過海，「天上天下，惟我獨尊」，這倒是極值得奇怪的。毫無疑問，它對現代如此發達的科學眞是莫大諷刺。王、周二人搜腸刮肚苦心經營，雖得一時之逞，究不免暴露，然而新中國建立幾十年，科學唯物早已深入人心，仍有人如此迷信，痛哉惜哉！

胡海牙　一九九三年十一月

補記

自從我十九歲上山靜修，爲了探究長生的奧秘不知道拜訪了多少老師。這其中既有耳提面命朝夕相處的受業恩師，也有隨緣遣散恍惚一面的一字之師。在這裏我不想敘述攖寧師與我的深情厚誼，倒是很願意回憶一下在遇到陳先生之前的兩位老師，他們都是我終生難以忘懷的。

第一位老師是我所見到的第一個頗具神通的道長。關於他的神蹟傳說有很多，我親身經歷的，是他預知前事。那時候我年輕最小，一直侍候在他身邊，一同打坐修習，形影不離。有一天他突然命我們幾個人到山下等候一位先生，描述了大概形貌，說是來訪他的。大家胡裏胡涂地奉命到山下去問觀裏的道友，有没有這麼個人找師父，回答說没有。也巧將將在這個時候有人走上前來打問道長的住處，回身一看，正是那個人，於是帶他上山。諸位可以想知當時我對道長是何等的崇拜！幾年後這位道長預知死期將至，事先吩咐準備後事並傳知等他下葬後踰百日，再啟開棺木瞻仰他的容顏。他希望能够依然栩栩如生成爲肉身仙，甚或偶然還陽也未可知。道長羽化後按他的遺囑待三個月我們再入墓穴一看，面部已有腐斑，儘管他的徒子徒孫四處宣揚肉身如何如何之新鮮，但我心中總認爲道長失敗了。

雖然這位道長沒有達到他所期望的效果，但畢竟是在向頂峯奮力攀登。他促使我反省，明白了不能只在心性上下功夫而忽略了形神兩全陰陽相濟的大道理。時至今日我依然深切緬懷這位道長，惋惜他功敗垂成。儘管前行的道路崎嶇險峻，儘管前人的脚步時有重踏退縮，但這一切只能鞭策有志者更加奮進昂揚，千百年的黃老歷史、數萬卷的仙經典籍、歷朝歷代的仙家道士都是有力證明。正因爲以他的教訓，纔引導我眼光放遠尋找眞正的三元丹法。

接下來要紀念的這位道長，是非要收我爲徒的。他說：「我的年紀比你大，學問比你深，功夫比你好，你怎麼不能拜我爲師呢？」我說我稱您爲老師還不可以嗎？爲什麼非要「拜」呢？他說非要拜不可，因爲關係到一個偉大而神秘的計劃。這回勾起了我的好奇心，再三追問，纔知道這個宏偉「藍圖」。大家知道「陽神出殼」指的是陰魔已畢，體入純陽，陽神旺盛活潑能够出體，現身外之身，這是人元丹法的顯著成效。只是由於條件難以具備，達到此功效的人歷朝歷代屈指可數。道長便想出了偷樑換柱、瞞天過海之法。這時候他的胎息工夫已經是很深了，閉息一段時間沒有問題。他便設想假如他突然閉息，外間只認爲他逝世了，隨卽立刻裝斂入墳，但是過不了幾天忽然在千里之外又出現這位道長，料想公眾輿論頓時嘩然。倘若開棺檢查，只見壙內只有衣冠並無屍身，仿佛當年達摩禪師一般，於是乎更加沸沸揚揚。怎麽會棺中無人呢？這就要在棺椁上、壙墓裏作手脚，尤其下葬時他是不能參加作僞的，顯然要借助他的徒弟。等到下葬已畢脱身潛逃時更是少不得這個助手。機密如此，你説説看這樣的老師我可怎麽敢「拜」呀！這種把戲在現代的魔術裏是比較常見的，在當時看來技術手段已算高超獨一，況且没有人敢於做得如此之大，加上本身的身份地位，假使實施起來，肯定成功。「陽神出殼」就此成爲現實。縱然早晚會被人識破，可當時許許多多的「活神仙」恐怕比他還相差千里呢！

現在兩位老師俱已作古，把往事追憶出來是爲了使當代的年輕朋友們有所借鑒，「前事不忘，後事之師」。追求編輯諸公有濟世之雅操，吾亦秉願推波助瀾，目的就是引起大家的注意。毁我譽我在所不惜，有識之士當知吾之苦心也。近來陸續有些朋友來信來訪，既有相互探討研究的，也有懇求拜師學藝的。交流體會，只要不是盲目迷信，我非常歡迎。因爲我個人就是由迷而疑、由疑而悟、由悟而解，古人説「疑時便是覺時」，「懷疑」並不意味着「打倒」，而是「除舊迎新」「破迷返正」。至於拜師學藝，我個人認爲時機尚早，實行仙學没有「財、侣、法、地、福」的條件，如同鳥失雙翼無法飛騰，仙學並不是憑空想像所能完成的。目下只是奉勸年輕朋友們，多讀些丹經典籍，研究其中的道理。道理透徹了，方法也就容易明了，悟性高者自可明達，或許隨着時間的推移、環境的變遷，將來因緣和合，自然而然水到渠成，那時我願意無保留和盤託出，雖稍嫌辜負諸位及編輯同志的厚望，實乃是維持仙學之純潔，有識之士更當知吾之苦心也。

胡海牙補記

附：胡美成先生給胡海牙的兩封信

一

海牙先生惠鑒：

姚生回滬，與我通電話，告知承蒙接待，並轉達尊囑對我致意，舊兩情深，至爲心感！我從訪美歸來，翻閱未及覆信之各方來簡，找到閣下去年十一月廿八日來信九頁。復告我對王顯齋等的看法，兹續分陳如下。

(一)王顯齋，我都曾耳聞原浙江民政廳長解放後同爲省政協委員之杜偉相告，他曾數次到京見王，極端相信許多神話。我素持懷疑態度，得先生高見，甚佩。但對臨死時，擔着擔水，兩脚分站門檻内外，這情況一般人是做不到的，我想他多少總有點竅門功法。

(二)唐生明和我一樣同當警備司令，他稍早在長沙。我是抗戰中在福州及漳州，解放後一九五九年到京，還與他晤談甚歡。他所言槍斃周神仙事，卽是周仲平當時我還在長沙，知道此事。周行騙作惡不少。

（三）我一生研究氣功實法，涉足道、釋、儒、醫各家之學。道家以老子爲宗，五千言是很有見地；佛家釋迦牟尼確有其人，苦修亦不錯，他不過具有今稱之特異功能而已；孔孟只能是腦子聰明，具有教學天才之輩；醫家從炎黄到葛洪，都是講究内修之人，並無飛昇成仙之事；至於吕氏八仙，我認爲是晚唐以來人間傳説。眞正仙人，卽是山人。古來有多少人愛清淨，入山修道，鬚髮尺許。因平日善觀天色，偶識晴雨，並摭選山間草藥治病頗有效，山外人遇之而異，便稱其爲神仙。最後亦不過老死山林，與草木同腐。至於佛，過去我們「七人茶座」中之佛學家顧伯述先生説得好，他講什麽是佛？我心卽佛，不需外求。

（四）我二十年代從小愛求神仙仙佛之道，及長十七歲，因病拜道家老師李農田先生爲師。煉功病癒，神奇，一心想結丹成胎出神。直到四十以後，廣搜各家經典閲讀，各方參訪師友高層修士六十餘人，又和蔣維喬因是子、顧伯述、陸子冬等，組織「七人養生茶座」於上海。當時已與陳攖寧、周潛川、蔣君毅、耿伍樓等人友善，他們亦偶來參加我們集體研究曾結合宇宙學、馬列理論。之後，六十年代我曾一度完全否定仙佛之説，連道家出陽神、佛家密宗化虹等一概否定，寫過一篇文章。到八十年代，親見到高層特異功能人的顯現各種奇跡，及不少出生未久之青少年神異之事，我開始懷疑，覺得一概否定欠妥。世間事無奇不有，人與宇宙尚有許多不明之事，還有星相學，卽看相、算命、扶乩一類之事。最初由疑而信，繼而由信而疑，現在只好是疑七信三，或者是否定七成肯定三成。事無絕對之理，儘管從理論上全盤否定，但一遇到許多實踐上存在的客觀事實問題，至少有二到三成是不容否定者。未審先生高見以爲如何？

（五）承囑，對攖寧先生事另述如次。我識陳老大約是一九五〇年前後，是由省政協委員杜偉介紹。我曾到過銀洞橋先生府上，與陳老友談過兩次。他也來我住處竹竿巷我岳母家當時我住上海，每次來杭開政協會卽住此。後來他發表了浙江文史研究館員，隨後大約是省政協第三屆大會發表他省政協委員，又常同席開會，同組討論。會後我們卽談仙學與修道事。一次，浙江屏峯山療養院請他去講學，張院長請客，我亦被邀同席。我與他談話次數不少，對鬼神問題，他持否定態度；對煉功問題，主張從聽息着手；對煉外丹問題，他談上海文史館某館員曾煉出一爐；煉内丹成丹之說，他還在試驗；對陰陽派雙修之事，他不贊成，也不否定，但說流入邪淫者多，眞煉成者鳳毛麟角。至於政協文史館及省統戰部領導層方面對他評論，說是作學問的好人。他與一般同僚同事甚少接觸，如政協文史館的同志，我算是和他接觸最多的人。我覺得他確是正人君子，明道之士，無論在新舊社會中，俱不多見。

（六）我之搞氣功，是終身所好，絕對只以保健强身、益智防衰爲主。我在六十年代辦過幾次訓練班，國内外學生有的回原單位又依樣葫蘆辦了訓練班。八一年還辦過班但我没登過報，都是各單位送來的體育衛生幹部，更没有社會待業青年。近年，我看了不少大吹法螺、花樣百出，以撈錢爲目的的青中年，在社會上大吹大擂，我卽收手，不願混同。可是越吹得厲害，越有一般迷信者趨之若鶩，甘願上當而不能自拔，深爲嘆惜。氣功聲譽也就每況愈下，言之可慨。

（七）我辦有一個中華傳統氣功研究會，附上第三期會刊一份，請指正。將辦第四期，尚希惠賜宏文，借光篇幅。此種小報，要能雅俗共賞，打擊面不宜過大過長。先生以爲然乎？

我明天下午起飛來京開會，如時間緊張，恐不能登府，特先奉答，敬頌秋安！

胡美成敬啟　一九九四年十月十三日

開會是民革中央監察委員會，你如能抽暇，請撥一電話給民革中央辦公廳，告知我聯繫電話，以便隨時聯繫。

二

海牙先生惠鑒：

時届金秋，想闔府康吉爲祝！

我在九月上旬去京前，寄上一函，拉拉雜雜寫了三頁，想早承察閲。上月十四抵京開會，原擬乘便到府暢敘。因駐在國務院西山招待所，會後只停兩天，即因事回浙，未克造訪。北望雲天，易勝惆悵。好在我每年必有一次來京開會之機，且待明年再約。

閣下才高北斗，對我九月之函所陳各節，未審尊意如何？郵習有便，尚希惠示一二爲盼。

我因回浙後，又因事去臨安，日前始返，特再申函，致候起居，並頌秋祺！

胡美成上　一九九四年十一月三日

話說扶乩

我學習研究道家道教的學問有七十餘年了，同時涉獵道門中種種法術。道門中向有「三千六百旁門，七十二種外道」之說，今天讓我以過來人身份向大家「現身說法」，先來說一說至今仍被許多人崇尚爲神明顯靈的扶乩。

扶乩這件事物，是一種迷信活動，也就是平常人們所說的「請神降諭」。乩是一個砂盤，上面吊着一只筆，以「丫」形杠棒左右扶住這支筆。當「神靈」降臨時，筆自己會動，乩手順應着筆的動向，砂盤上就會顯出字跡。旁邊有人鈔錄，這便是神靈給求乩者的答覆。當然，實際上筆絕不會自己動，秘密全在左右扶棒的扶乩手手裏，是他們暗中推着杠棒使筆移動的。不用說，這要經長期訓練，叫外人一點兒也看不出來纔行。

還有一種，是讓不懂事不識字的小孩來操縱，一旁另有人用筆記錄扶乩所出現的文字。這個的奧妙完全在記錄者，由於小孩子本不識字，扶出的文字自然無形狀可言（扶乩者稱其爲「大草」），惟有經過記錄者纔能成文，所以他們此時便大做文章。

我學扶乩，緣於一個故事：某年，浙江某地大旱，該地莊稼幾乎乾枯殆盡，顆粒無收之狀近在眼前。而一秀才家的莊稼却鬱鬱葱葱，似乎乾旱對其毫無影響。此事一時傳於四方。該地知縣聞聽，卽親臨現場考察，果如所傳，遂喚秀才近前，問其何故，秀才回以得益於易。知縣不屑一顧，未深究卽去由於過去讀書人都要熟知易經，知縣亦深知易，故不屑於秀才之言。

當我聽說這個故事，苦思不得其解。秀才的莊稼爲何不懼乾旱呢？要拒乾旱，須有水，此地何以產生水呢？若要點滴之水，我還可以求得，如在玻璃上「哈」氣或將鐵置於土中都可，這麼多的水從何而來呢？帶着諸多疑問，我開始鑽研易經，並四處求師叩問奧要，結果都不盡如人意。這時，我想到了從「天」討教，用扶乩來求得答案。這樣，我便開始學習扶乩。

開始，一直沒有找到肯教我的老師，但我却老想弄懂它。一個偶然的機會，在某乩壇內尋到了一本書，是專門講扶乩的，便如獲至寶讀起來。那書是個手鈔本，書作者是這個壇以前的乩手，他除了講這壇的歷史外，就是講扶乩的手法。那本書最後還寫了一句話：扶乩很易學，點、劃和撇、捺，兩手要能倒寫字，都得學會它。這本書，我認認眞眞地琢磨了兩遍，終於看出了學習扶乩的秘密方法：原來扶乩一點兒也不神，「神」的是人——扶乩手！

我看了書後，就點劃撇捺地在砂盤上亂寫一氣，而且兩手輪流操作。乩盤有小有大，我上來就用大盤。我這時悟出了要兩手都學會的道理，是要在自己位置變換的時候，能支配另一個人。當然，你必須要有手勁，又能兩手操作，這樣不管你在乩盤左邊還是右邊，另一個乩手都能被你指揮了。

不久，日本鬼子打到金華，我則從山前翻到了山後，逃到了浦江清水塘陳雲龍家，他是中醫，我十六歲也學過中醫，爲了解決生計，就合伙操起了醫道。

年輕醫生尚無名望，如何能够招徠患者呢？我突然想到，我已經學會扶乩了，就先用它來「蒙」一下吧！這樣，來了病人，先扶乩假裝是神仙開藥方，因爲療效不錯，人們都以爲我是神仙的代言人。我這個診所，借此越做越興旺。

我這個學乩者借醫道而聲譽日隆，引起一些老乩手側目而視，結果一次我受到了嚴重考驗：某一天，他們爲求雨，設了一個羅天大醮，請了許多和尚道士誦經拜懺，事先寫好了求神仙指教答覆的問題，這叫做稟單，然後突然找到陳雲龍家，讓我們兩人立刻前去扶乩。到了壇裏，纔告訴我們，他們不但寫好了稟單，還把它燒掉了。就是說，我們對於他們擺壇求神的目的完全不知道，這一下子我可犯蒙了。

顯然，人家在故意試驗我們，看我是眞是假。我怎麼辦？我先借口他們的乩盤太小，必須派人去拿我們自己的乩盤，這樣拖延時間，可以探聽信息並琢磨對策。他們顯然早已想到這些了，雖然同意去取乩盤，但對我防範甚嚴，我一點消息都沒有探聽出來。待乩盤取來，我倆已在乩盤邊一左一右地立好了位置，對策還沒有想出來，我就慢慢地操縱陳雲龍在盤上依次寫下四個字：「焚禀已悉」。這時我身上有點冒汗了。「焚禀已悉」，一批出來，表明神仙已經降臨，下面神仙該說什麼呢？急中生智，記得我看過陳攖寧老師辦的揚善半月刊中有幾句詩，其中四句大概是：「有誰剪紙爲招魂，種瓜得瓜豆得豆；避秦難覓桃源洞，焉得沿溪去問津？」我只好把它寫出來搪塞我知道這些乩師水平不高，根本不會看這雜誌。沒想到當卽轟動，擺壇的人都服了。原來他們求神擺壇，一問祈雨年成如何；二問日本人來了，我們最終避到哪裏去；三問啟建此道場有無功德；還有一問我記不清了。而這幾句模棱兩可的詩正好答覆了他們。結果歪打正着，他們都以爲我眞有神法，未卜先知，使他們對我極爲折服。

沒多久，離我診所二十里外的香山寺范住持請我來了，要我去他那裏扶乩，弄一筆錢把香山寺修好。我就離開陳雲龍住進寺內。我在寺裏扶乩，放開手脚去做，發展了幾個聯手，都很成功。而且我們還有意搞點「玄妙」，在固定寫禀單的位置上面設了一個二層閣樓，樓板上鑿了一個小洞，每個求乩的人寫了禀單，我的聯手都能趴在樓板上透過那小孔洞，把求神的內容看個一清二楚。我就能根據自己醫道、「仙道」方面的知識本領，根據自己的智慧，有的放矢答覆求乩者了。

這當然還遠遠不够，要扶得使人信服膜拜，還要有非常靈活的心眼，有小偷一般的眼神和機敏。比如有一天，寺裏住進來一位前來避暑的紳士，我立刻瞄準了他那大堆行李中的一個燈籠，那燈籠的半邊寫了一個大大的「錢」字，另半邊寫了同樣大小的三個字「元息子」。我趁他們不注意，先把那燈籠拿出來毀掉。過幾天，他來求乩了，我就把自己早已準備好的四句偈語批寫在乩盤上，這四句是：「元元心地，息息歸根，子道行孝，錢多奚用。」這四句每一句的頭一個字合起來，就是他的姓和號，他看了，目瞪口呆，大爲折服。

我進寺不久，碰到了兩個逃難到此的人，一個叫子文，是個魔術師；一個姓唐，是個寫小說要筆杆子的。我們就組成了新的聯手，姓唐的會出點子，子文能變戲法，這一下，我們的扶乩越做越神，花樣也越多了。比如，可以用水噴到空白黃裱紙上，紙上會顯出符文，讓老百姓看得傻了眼。不過也有一次碰到個不信邪的，要自己拿紙一試。我一笑，就讓他寫好禀單用扶乩告訴他：「過半個月來。」半個月，我們有充分的時間做準備。先是賄賂好了附近僅有的兩家紙店，那人來買紙時，店裏賣給他的是我們已事先做好了手脚的黃裱紙。這手脚說來很簡單，就是用白礬或其他藥水在紙上寫符，晾乾後毫無痕跡，一着水，符文就會顯形。

半月後，那人來了。他拿着檀香和紙，一直不撒手，惟恐讓我們鑽了空子。直到假善財出場喊「拿紙來」時，他纔將紙遞上去，眼睛還一直死盯着，等到善財一口水噴出來，紙上的符文顯形，那人可就臉黃了，眞的害怕了。其實這就是我們做的手脚，如果他半月前立馬去買紙叫我們試，我們會當場「出彩」的。

我這時已把扶乩完全琢磨透了，並已享有半仙之名，而且范住持修寺的錢已經籌足，我便決定不再用扶乩的方法了。因爲我要解決的問題未能得以解決，「天」也未能告訴我「易」的秘密。自此，我便「絕口不談玄裏事，閉門獨自讀奇書」，開始從讀書窮理上下功夫，去研究探討一些看似神異的問題。

試想，溥儀卜了一輩子課，他却没有把握自己的命運；張作霖也是一個卜課迷，結果他並不知道自己將葬身於日本人的炸彈。今天的青年人，看了我的故事，若還相信扶乩卜卦算命這一套迷信，而不是勇於自己支配自己的命運，那就太可惜了。

我在金華山的時候

唐代杜光庭洞天福地記三十六小洞天中記載：「第三十六，金華山洞，周回五十里，名曰金華洞元天，在婺州金華縣。」

我是從十九歲開始遊山訪道的，後來由一位道門先進介紹，到杭州洪橋三官殿住。杭州被日本兵侵佔後，我便來到了金華羊石鄉赤松宮，陳友蓮道長留我在赤松宮裏住。因爲我很留意神仙學術，所以有時住在赤松宮内，有時也會住雙龍洞的茅蓬裏去做工夫。斷斷續續在這裏住了十年左右。

最初住在山上的時候，常看見一位先生隔幾天就會趕着一隻羊，來赤松宮遊玩。時間長了，漸漸地熟絡了起來，便問先生住在什麼地方。那位先生說，他就住在山裏面。金華山我是很熟悉的，但一直没有見過山裏面還有人住，故心裏很是納悶。過了一段時間，忽一日，這位先生從山上下來的時候，是隻身一人，而一直跟隨他的那隻羊却不見了。問他，他說羊喫了。自這次以後，再也没有見過這位先生。後來我又特意到山裏去尋訪過此人，但還是没有發現有人居住的痕跡。我把這件事說給當時同在山上住的道友們聽，有人懷疑，金華山曾有黃大仙幼時牧羊，後來修煉道術而成仙的故事，那位趕羊的先生，或許是黃大仙的顯化。但我覺得顯化之說有些神奇，或許是後來修煉隱者，慕黃大仙牧羊遺風而傚之罷了。記得蘇軾曾寫過一首詩云「先生養生如牧羊，放之無何有之鄉。止者自止行者行，先生超然坐其旁。挾策讀書羊不亡，化而爲石起復僵。流涎磨牙笑虎狼，先生指呼羊服箱……」頗得黃大仙牧羊之的義，有益於修煉者頗多。

我十三歲開始在紹興東關人壽堂藥店做學徒，並跟隨老師邵佐卿和師兄邵夢相學習中醫治療，到赤松宮住山時，看到山下的村民因經濟條件，常有患病而無法醫治者，便在修煉的同時，將自己所學的醫學知識，用來給他們義務診治。因爲我在人壽堂學過六年多，一九三三年至一九三五年時又在上虞施診，幫助庵裏對村民施治，故而對中醫的診治還是有些經驗的，也比較受山下村民的歡迎。後來醫生做得出了名，人們就送了一個「半仙」的稱號。求醫者也越來越多，十里八村的人常有來請我出診的。我當時本來是以住山修煉，以冀長生爲目的的，行醫只是爲了方便山下無錢治病的窮苦村民，但不少有錢人也抬着轎子來請，只好隨他們去家裏行醫，不收診金，他們管一頓飯，窮苦的村民則依然是開方就走，不喫飯，也不收診金。有一次，一個財主家抬着一架婚嫁時用來抬物品的傢具請我出診。我的個子高，坐在裏面頭老碰上面的橫竿。那時我還是很迷信的，對這種徵兆覺得不太好，所以就拒絕出診。這家人便向別人家說我這個醫生架子大，因爲轎子不好，就不肯出診等。因爲我自己是貧苦出身，對窮苦人有同情之心，行醫初衷也是因爲當時貧苦人求醫難的緣故，對富貴人家診療，也是出於醫者的責任而已，並不是爲了他們的財物，也不是爲了他們的一頓飯，所以聽他們這樣說，我也不以爲意。但這家人說了我很多不好以後，不久，便又抬了一架更好一些的轎子來請我，我還是拒絕，不打算去。那家人一定要我去，並說至少應該去看看，然後再定奪。推辭不了，我便跟他們到了家中。生病的是一位老太太，病證是「雪口」和「脱肛」。脱肛病在嬰幼兒，是正常的現象，用不着治就會好。但老年人得小孩子的病，基本上就是絕症，我看完後就告訴他的家人說，這種病好不了，準備後事吧。家里人還是執意要我給他們開一個方子，我很爲難，因爲這種病服什麼藥也不行了，就隨手寫了幾句話：「病脈不同，救陰無功，陽氣微微，速辦壽器。」隨後飯也沒有喫，就回去了。第二天，他們家帶話過來，說老太太已去世了。這也讓我認識了古人「老人得小孩子病爲絕症」的說法。

我一九三五年左右到金華赤松宮住過一段時間，一九三九時，回到上虞繼續邊修煉，邊做醫務工作。在赤松宮住的時候，通過住在雙龍洞修煉的孫抱慈先生，我認識了陳攖寧老師，並有了以後長期的書信來往。

一九四一年左右，赤松宮陳友蓮道長從金華到上虞，經過上王村，看見我後，就說赤松宮近來無人替他照顧，勸我去幫他照顧。當時上王村的一位朋友家庭生活困難，聽陳道長這樣一說，便希望我答應，好帶他一道去。我因爲跟陳友蓮道長住過一段時間，陳道長好言相請，我也不好推却，便與那位朋友一道再次來到了赤松宮，替陳友蓮道長照看赤松宮。那時候除了我和那位道友，赤松宮也没有别的人，正好有很多的時間做工夫，平日裏依舊爲村民們義務施診。

一九四三年四月，聽説日本人要上山來掃蕩，我便逃到了後山浦江清水塘陳雲龍的家中。不久一位姓胡的朋友路過清水塘，順便來看我，要我一同上山去住，我跟他一道把已經破爛不堪的金華觀修整好，他住了一段時間就回杭州了。我一九四五年也回到了杭州，正式做起了醫生。先後在金華赤松宮、雙龍洞、金華觀住了十年左右，其間還幾歷生死，對我以後學道、行醫的影響都很大。

我與古琴

我學古琴，起因於今古奇觀第十九卷「俞伯牙摔琴謝知音」。當時看今古奇觀到雨夜俞伯牙於舟中操琴，一曲未終，琴弦斷一根，伯牙疑心重重，時樵子鍾子期至，述其因避雨小住而得聽其琴音。後二人攀談，結爲知音。一年後子期亡故，俞伯牙在其墓前奏琴一曲後，將琴摔碎於其墓前，言「摔碎瑤琴鳳尾寒，子期不在對誰彈？春風滿面皆朋友，欲覓知音難上難」。其中因知有人聽琴而琴弦忽斷一事，讓我很是好奇。爲了一探究竟，我便開始學琴。

當時我還在龍會山，有一位道友家裏有不少鈔本琴譜，也有幾張琴，但琴不太好，他送我一張琴，我就抱着這張琴，每天四處尋訪老師。好久没有所遇。有一天，我同樣抱琴下山訪師，回來的時候天色已晚，山上的人告訴我，說今天有人來訪我，留有一個地址，讓我回來後去找他一下。我當夜卽下山去找他。這個人是個彈琴的，因見我日日訪師而無遇，便想跟我談談。他說他不能教我了，因爲當時日本人快要打過來了，他要去重慶，所以就告訴我去找一個人。後來這個人就没有了消息。而他讓我找的人，則是我古琴的開蒙老師孫孟山。

我見到孫孟山老師後，跟他一談，纔知道他原來是我們以前藥店的股東。有了這一層關係，再加上有人介紹，孫先生對我很客氣。就這樣，我每天白天在他家裏學琴，晚上在龍會山一庵內住。跟孫老師熟了以後，我便請教他俞伯牙爲什麼一見弦斷便知道有人在聽。孫老師就給我做一個試驗。他在一個屋子裏面對面擺上兩張琴，把弦調好，然後一張琴的每個琴弦上都放上小紙條，自己彈奏另一張琴。當彈奏到一根琴弦時，對面那張琴相應琴弦上的紙條就會動起來。這邊彈奏，那邊的紙條也在跳動。孫孟山老師說，伯牙與子期的故事，就是這個道理。後來我想，這可能就是「同聲相應，同氣相求」的意思吧。

孫孟山先生的家裏經常會來好多搞樂器的朋友，大家在一起彈彈唱唱，很是熱鬧。孫老師的老師是一個道士，叫楊士柏我上海的一位朋友認識他，我去上海找陳攖寧老師的時候，這個朋友曾跟我談起過楊士柏。我跟孫孟山老師只學了陽關三疊、平沙落雁等幾個曲子。孫老師教我的是黃鐘調。孫孟山老師琴棋書畫，金石篆刻，都很有造詣。我不光從其學琴，金石篆刻及書法也得其教誨多多。不過後來只是以琴和書法相伴，其他的漸漸不鑽研了。

跟孫老師學了一段時間，我便想抱琴再訪，就向孫老師辭行。孫老師告訴我，我以後還會遇到老師。我便一邊訪師，一邊開始收集琴譜。當時的琴譜兩塊大洋一本，收藏起來很費錢，我還是通過努力，收集了不少，包括不少鈔本。其中與古齋琴譜我最喜歡。

杭州半角山房的徐元白先生，不僅通琴道，而且會做琴，還會做印泥。我跟他學彈琴，也學做琴，並且做印泥也是跟他學的。自己做琴用的漆是自己調制的，所以經常生漆瘡，手、足及四肢長小疹子，發癢，腫痛，且中醫治療不易見效。後來一位西醫開了幾味藥，其中用白礬、蓖麻油和一種西藥名字已忘記了調和起來用，效果不錯，可以消腫、止癢。後來我收到一張唐代的雷琴，按徐元白先生教我的方法，把天柱、地柱去掉，結果這張琴彈出來的音色不好，我懷疑這是一張假唐琴。

不久後，我又會到一位姓周的老師，他原住於上海，後來搬到杭州來住，我便隨他學琴。學了一段時間，他送了我一張宋代的百古齋琴，這張琴我非常喜歡，保留了很長時間。

學琴很費時間的，而且很辛苦，手上常要磨得起老繭。我學琴的時間不短，慢慢覺得自己追求長生的願望被這種事情所干擾，便逐漸疏遠琴道。一直到一九四五年我在杭州開設慈海醫室後，纔完全捨棄琴道，專心於醫生業務及仙學之研究，平日靜養時只凝耳韻聽無弦琴。後來陳攖寧老師笑着給我寫了一幅對聯：「操縵之術常疏，不焚香而燒艾；

鐫石之工久廢，竟捨刀而用針。」

我學琴是從好奇開始，雖未從中得到多少煉養的益處，但也了解了不少有趣的事情。比如我與一位琴學名家管平湖相遇，相互握手時，發現他是滿手老繭，而他的琴聲則鏗鏘有力。而與北京的查浮西音握手時，他的手却很柔軟，他的琴聲也必然悠揚、婉轉、温和。這也跟内家拳與外家拳一樣，一種走的是剛猛之路，一種走的是陰柔之路。而且，琴道與丹道一樣，也有南派與北派之別。我個人的看法，南派的大約要柔和一些，北派的大約要豪放一些。

學琴很苦，彈琴也是更苦，特別是按住弦的左手拇指，常要磨出繭子，而且還很痛。現在很多學仙的朋友聽說我曾經會彈琴，想在學仙的同時也學學琴。我認爲，琴學對仙學無有益處，如果爲了修身養性，常聽無弦琴或者買幾張名家彈奏的光碟即可，用不着費那種苦工夫。我是走過這種冤枉路的，不希望學仙的朋友們再走這條冤枉路，故將我學琴的經過談一談，供大家參考吧。

仙道篇

仙學概述

胡海牙

仙學起源於道家，集成於道教。它傳自軒轅黃帝，黃帝是道家的始祖。史載軒轅黃帝「且戰且學仙」「黃帝問道於廣成子」，是黃帝學有傳授。故仙學自軒轅黃帝以來，代代相傳。老子集道家之大成，寫道德經五千言，司馬遷在史記中說老子很長壽，「以修道而養壽也」。「修道養壽」的學問，就是仙學。

道家祖述黃老，以後演變爲道教。道教全盤繼承了道家的仙學，並不斷發展，最後集成爲「内丹」之學。因此，仙學是道家貫穿於道教的一門完整學術，是道家和道教的精粹。

道家和道教實際上是母與子的關係。一方面，兒是母親生育出來的，有血緣關係，所以不能把道家和道教割裂開來；另一方面，兒子和母親又不完全相同，中間有變異，所以，也不能說道家本身就是道教。同時，母親和兒子，又會有遺傳，這個遺傳的東西，就是仙學。這是道家、道教和仙學三者之間的相互關係。

仙學的指導思想是老莊哲學。仙學的基本内容應當包括三元丹法、中醫針藥、内家拳法三大部分。

一、三元丹法

三元丹法即天元、地元、人元三品丹法的合稱。天元一般指清靜派的大丹功夫，如北宗丘處機所著大丹直指，即是講的天元丹法；地元指神丹燒煉術，如黃帝九鼎丹經訣，即是講的地元丹法；人元指陰陽雙修派的金丹功夫，如南宗張紫陽所著悟眞篇，即是講的人元丹法。丹法又有南派、北派、東派、西派之分，東派和西派則兼南北兩宗而有之。

(一)天元丹法：清靜功夫

清修丹法，因爲能够自己做主，而且沒有流弊，故可以普度。

做清靜功夫，有一點很重要，就是不可執著於肉體腔子裏面摸索。初步功夫，鍛煉肉體未嘗不可，逐漸就要跳出肉體去悟，或者稱爲「出神」也可，否則不能達到煉虛合道的高層次。從前祖師，對此多有警語誡後人。如鍾離祖師說過：「一身四大皆屬陰，莫在陰精裏面尋。」已說明肉體是一團陰氣。如何採取陽氣，點化自身陰質，這是清靜功夫的要害。

先師陳攖寧先生曾說：「北派清靜，却不是專靠打坐就能成功，外界資助，當然不可少，却是從虛空中尋求，並不是在人身上討便宜」，「修仙者，貴在收積虛空中清靈之氣於身中，然後將吾人之神與此配合而煉養之，爲時既久，則神氣打成一片，而大丹始成。」陳攖寧老師的話，可謂切中要害。現在許多做清靜功夫的道友，都是在自己身上摸索用功，到頭來仍然煉的是一團陰氣。如不在虛空中招攝，結果還會像平常人一樣死去。所以，清靜功夫只有跳出肉身這個樊籠，纔能有大成的希望。

然而在肉身上摸索不對，離開肉身又不對。這眞是玄而又玄，因之稱爲「玄關」。要從這裏悟透玄關一竅，纔能明白大道。丹書云：「道有三千六百門，人人各執一苗根。不知此個玄關竅，不在三千六百門。」可知，玄關不在三千六百修道法門之中，是頓超直超的上乘功夫。悟出玄關一竅，纔能得道。道即是一，「得其一，萬事畢」。清靜功夫的口訣，就是「先天一炁，自虛無中來」。功夫到此，自然「一得永得」。

(二)地元丹法：外丹黃白術

外丹燒煉，一是黃白術，或稱點金術，就是採取礦物質，燒煉黃金白銀，以充修道之資，因爲「無財不養道」；二是煉製地元丹藥，這種經過各種秘法煉成的丹藥，可以服食，點化自身陰質，使化陽氣，即身成仙。這兩種煉丹方法，如今的道教中已然失傳。雖然古人留下了不少外丹著作，可是在道教中已無人問津，僅有社會上少數學者在研究試驗。

先師陳攖寧先生曾經專門研究外丹。他和師母省吃儉用，積累資金，購買藥材，於一九二二年至一九三二年進行了國內外堪稱罕見的外丹試驗。歷時十年，中因兩次戰爭影響而作輟，未獲最後成功。雖然如此，先師經過千百次試驗，得出兩個結論：一是紅銅確能變白銀，但不免虧本。這一點在古人生活水平之低廉和原料價值之便宜時代，自然不成問題。現代人用之則不合算。因而證明黃白術在今日已不適用。二是證明古神仙所遺各種外丹口訣，確有可憑，決非欺妄。這就等於肯定了地元丹法的存在。英國的李約瑟博士對此十分重視。

雖然化學史界的學者在研究燒煉術，但我認爲地元神丹之謎還沒有揭開。陳攖寧老師燒煉外丹的事業，我認爲還應當繼續下去。外丹在歷史上雖然使不少貴族和皇帝斃命，但是這大多是由於他們修煉和道德修養不足，缺少服用外丹的條件所致。世界上到底有没有返老還的藥物，人能否靠外丹延年長生，至少是道教向科學提出的挑戰，而地元丹法的精神和現代人體科學是相通的。

（三）人元丹法：　陰陽雙修派功夫

這種丹法，正邪混雜，多遭詆毁，歷來隱而不顯。特別受封建禮教影響較深的道教內部，深怕壞了自己的名聲，不懂的人要罵^(眞罵)，懂得的人也罵^(假罵)，罵來罵去，自己的東西自身不敢承當，於今瀕於滅絕。

佛教密宗，即藏密，亦有此等法門。據說唐代文成公主出嫁西藏之時，曾經帶了數名道士同行。唐代以道教爲國教，高道很多，陪伴皇家公主而遠行的道士，非一般庸道所能勝任，必須深通道教經典方術，纔有資格入選。佛教積極倡導六根清淨，原無此種法門，當時的道教尚未出現全眞之出家制度，而以陰陽功夫爲主要修持方法。這樣，道教的雙修功夫，由此傳入西藏，產生了潛移默化的影響，至今仍有痕跡。如到北京雍和宮去參觀，就可見到以太極圖爲裝飾的法物，他們稱爲「陰陽輪」。

當初先師在杭州跟我講過，藏密的雙身法，雖與道教南宗相似，但是粗糙而不精細，不如道教精捷。我曾看過雍和宮的壁畫，裏面確有此類內容，但是存在紕漏。現在社會已經出版了許多古代房中術及古代性學方面的書，還有些人接連在刊物上面發表所謂的南宗功法，裏面錯誤百出，以假亂眞。打着道教的旗號，販賣假貨，我們道教中人却噤若寒蟬，任意讓別人歪曲，這樣下去，就會把道教丹法搞得面目全非了。

有人提到南宗功法，就談虎色變，以爲南宗丹法就是房中術，就是三峯採戰之術，這是一種誤解。其實房中術不過是男女房事衛生術，有利於保健身體，也並不荒謬。只是後來被人搞成了縱慾淫亂的邪術，名聲就變壞了。南宗丹法和房中術有雲泥之別，但也有某種聯繫。學習南宗功夫也應知曉房中術的秘密。了解丹法的正道和旁門，可以互相比較。正道與旁門，「差之毫釐，失之千里」。古人云「毫髮差殊不結丹」，就是這個道理。不能分清邪正，極易誤入歧途。先師曾告訴我，古代流傳下來的房中術，一共有九種，必須把九種都一一研究，纔能分清哪些是好的東西，哪些是錯誤的東西。南宗丹法之修習，要明白房中術，但不是說搞通了房中術就能弄懂南宗丹法。眞正的南宗口訣，必須眞師傳授，人元丹法的口訣是不落紙筆的。古云：「讀盡丹經千萬篇，自古火候無人傳。」這個「火候」就是南宗的口訣。

軒轅黃帝修道，是在奴隸社會，帝王實踐此類功夫，較爲容易。到了老子時代，禮教盛行，已不能明言此種丹法，所以老子對古代流行的人元丹法，用了許多隱語。老子說：「知者不言，言者不知。」後來者不得傳授，就稱老子「不言藥，不言仙，不言白日上青天」。其實這是一句外行話。

周易參同契這部書，講了人元丹法。書中有言：「同類易施功，非種難爲巧。」已經肯定了陰陽功夫。張紫陽祖師傳南宗一脈，並作悟眞篇。悟眞篇這部丹經，是他爲訪求外護而寫的，所以較爲明白。書中明言：「此般至寶家家有」，而不是說「人人有」。又說：「未煉還丹莫入山，山中內外盡非鉛。休妻謾譴陰陽隔，絕粒徒教腸胃空。」把陰陽功夫肯定無疑。

南宗五祖中，張紫陽傳之於石泰，石泰傳之於薛道光。書載，石泰告訴道光，令其往通都大邑，依有力者卽可圖之見歷世眞仙體道通鑑。薛道光本爲和尚，得到口訣之後卽還俗修功。設若是清修丹法，旣不必去通都大邑，亦不必依有力者方圖之，更不必還俗。可見，南宗功所傳的陰陽功夫，與北宗的清修功夫不同。

金元之前的道教祖師，多數從事人元丹法的修煉，兼及地元丹法與天元丹法。人元丹法的修煉，至少可以長壽。這一時期的祖師，長壽住世者極多，如軒轅黃帝一百一十歲，老子一百六十餘歲亦云二百餘歲，張道陵一百二十三歲，葛玄八十一歲，孫思邈一百四十二歲，張紫陽九十六歲，石泰一百二十三歲，薛道光一百一十四歲等。金元之後，道教內丹清修派興起，由於功夫不到家，多爲尸解，住世壽命也不長，對比之下，有失古仙風範。

當然，我這樣說也並不是反對清修丹法。清修容易推廣而又沒有流弊，二者各有千秋。人元丹法的弊端，也是不容諱言的。但要看什麼人去用這種功夫，弊端並不在丹法本身。悟眞篇三註陸子野序中說：「正人行邪法，邪法亦是正；邪人行正法，正法亦是邪。」法無邪正之分，要看人之邪正。先師陳攖寧先生曾以「刀」作比喻，學生可以裁紙，厨子可以切菜，小孩可能劃破手指，强盜可以殺人害命，其刀本身並無過錯，過錯在於用刀的人，就是這個道理。

我們道教的歷代祖師，爲了性命大事，不惜以自己的身心做試驗品，千百年來流傳下來的寶貴方術，不能在我們手中失傳。現在道觀裏的道士在廟上就是唸經拜懺，敲敲打打，「道士不懂道」，如何讓社會上的人瞧得起我們？如何弘揚我們祖國傳統的道教文化？當然，誦經之類的齋醮科儀也不能沒有。「道教」二字，沒有「教」不對，沒有「道」也不對。所以，對於道教的三元丹法，應當加强研究，從培養年輕道士開始，繼承道教的這一優良傳統，把道教的三元丹法發揚光大，爲人類健康事業服務。善與人同，同登壽域，這是有着數千年仙學歷史的道教所應盡的天職。

二、中醫針藥

自古以來，醫道兩家密不可分，故有「醫道同源」之說。

道教認爲，「醫道通仙道」，並且說「未學道，先學醫」。因爲，要做内丹功夫，首先就是肉體功夫的修煉。而在修煉肉體之前，先要明白人體内部的臟腑、經脈、關竅等。這就必須學醫而後知。

學醫可以救死扶傷，是積功累德的最好形式；可以謀生，以解決修道四要素之中「財」的問題；可以方便弘道，依靠行醫可以獲得群衆的支持。自身修煉走偏，身上出了毛病，懂得中醫就可以自行調治。學會中醫，縱使今生修道不成，亦不致虛度歲月，可以行醫積德。

自古以來，道教就出現了不少名醫，如東晋時期的抱朴子葛洪、南朝的陶宏景、唐代的孫思邈、北宋的石杏林、南宋的馬丹陽，明末清初的傅青主等，都是歷史上的大名醫。

由於道教歷來對中醫的重視，道藏裏面搜集了許多古代中醫典籍，不少書是社會上沒有的，彌足珍貴。醫藥中「丹丸膏散」中的「丹」，卽來源於道教的煉丹術。現代廣泛使用的紅升丹、白降丹等，都來源於道教的外丹。

中醫的藥物，除了治病之外，還有一個作用是延年益壽。延年藥物的研製，來源於古代方士的「服食」。服食又稱「服餌」，就是通過藥物堅固自己的形體，使之長存，以保自己的功修達到高層次的境界。玄門日誦早晚課經上就有「法藥相助」之說。

中醫的針灸，也是十分重要的一個方面。俗話說「一針二拿三吃藥」，針灸療法療效迅速，立竿見影，而且「一根針治百病」，非常簡便，特別對於修道人來講，十分的實用。道教北七眞中的馬丹陽，擅長針灸，他留傳下來的馬丹陽十二針，就很有名。我在臨床實踐中發現，這是非常有效的針法。雖然取穴只有十幾個，但用以治療全身疾病足已够用。我從事中醫六十多年以來，曾花數十年功夫研究針灸，發現針灸裏面有許多奧妙是書本上看不到的，有的大夫怕別人學去，不往外傳。古人針法與現代針法也有不同，古代針灸書上的說法有些已不適用。新中國成立初期，我把先師供養在家裏，曾想請他共同整理針灸上的奧妙，現在，我仍打算把針灸上的經驗整理問世，並已着手開始編寫。

三、内家拳法

内家拳法，出於道家。武林界也有「武道同源」之說，或說是「拳道合一」。眞正的内家拳法，其實和修道是一回事。修道用於長生，拳法用以技擊，然皆可歸於大道，其用不同，其體則一。這是說拳與道的關係。

一般來說，武當拳、武當劍、太極拳、形意拳、八卦掌、大成拳等，是公認的内家拳。這些拳術的理論，來源於道家的老莊哲學和道家的内丹學說。

内家拳講究「柔」，「用意不用力」，以靜制動，以柔克剛，來自老子「柔弱勝剛强」「其生也柔弱，其死也剛强」的理論。内家拳注重腰腎，其實元氣命之所在；注重培養動靜，其實元神性之所在。故拳道之學，實卽性命雙修之學。

試觀拳技爐火純青的内家大師，無一不是深諳道學。如果沒有「道」的提煉，内家拳法本身就不是上乘。内家拳的上乘功夫，是無形的，這就是「大道無形」，拳歸於道，故拳道合一，並非虛言。

道教修煉，以「守中」爲要，偏陰偏陽，不合道體。動靜失宜，就有陰陽偏盛之患。所以，不可偏於一味死靜，或一味死動，都不符合大道。有的老道長，一輩子光煉打坐，或只煉動功，晚年肯定身上要落毛病，這就是煉偏了。故要有動有靜，動靜適中，這就離不了內家拳的鍛煉。當年張三丰祖師留傳太極拳術，就是爲了避免靜修出現的弊端。當然，另一方面也是爲了在山中防禦土匪、野獸。

煉拳强身，身體强壯了，自然雜念也就少了，修道也變得容易。打坐的時候念起難除，通過鬆柔的內家樁法或動功，自然全身氣血調和，雜念自消。因此，修道、習拳，二者兼而行之，是修行的妙方。故內家拳法，也是仙學的一項必修科目，不可缺少。

我曾學過太極拳和武當劍，幾十年一直堅持，受益頗深。現在眞正的內家拳法瀕將失傳，我還打算將來把武當太極拳整理出來。

仙學大義——陳攖寧先生仙學理論串述

胡海牙　蒲團子

仙學，就是研究人的衛生、養生、攝生和精神境界的淨化提純，乃至身與意的統一、升華，直至再生、長生的學問。

仙學，在我中華已延綿傳承了六千餘載，由於歷史的局限，雖然歲月極其悠久，却一直或委託於巫術，或依附於宗教，或寄身於其他，而没有眞正的地位。直至二十世紀三十年代，陳攖寧先生纔首次倡導併正式提出，要將仙學作爲一門專門的學術來研究。先生認爲「仙學乃是一種獨立的學術，毋需借重他教門面」「余本不反對儒釋道三教之宗旨，但不願聽任神仙學術埋没於彼三教之内，失其獨立之資格，終至受彼等教義之束縛而不能自由發展，以故處處將其界限劃分明白，使我中華特產卓絕千古的神仙學術，不至遭陋儒之毀謗、凡僧之藐視、羽流之濫冒、方士之作僞、乩壇之亂眞。自漢明帝以來一千八百七十餘年，佛教徒所給與仙學界惡嘲之醜聲名，於兹刷盡。自金世宗以來七百七十餘年，北七眞所給與仙學界三教同源之假面具，一旦揭開，豈不快哉！豈不壯哉！」

中華民族自古相傳的仙學學術，不是宗教，不是迷信，更不是專講心性的功夫。他是一門具體的科學。是科學，我們就需要有科學的態度和責任感，以實事求是的姿態來分析、試驗，實修實證。

仙學是一門特殊的科學

所謂科學者，是就世界上每類事物作實驗的研究和分析，而得以有系統的知識及歸納法。如物理、化學、心理、生理、天文、地質、動物、植物、礦物等稱爲自然科學；如工業、農業、醫藥、衛生、冶金等稱爲應用科學；如歷史、地理、教育、政治、法律、經濟等稱爲社會科學。

仙學，是縮短人類進化過程之學，不是宇宙觀和人生觀的概念，故不屬於哲學範圍。仙學有方法可實驗，有系統可以研究，有歷史可以考證，不能說是非科學的。但仙學之作用，是要改造自然現象，不是僅以了解自然現象爲滿足，故非自然科學。仙學初步之祛病延齡雖與醫藥衛生有關、外丹爐火雖與煉礦冶金有關，但皆未發展到一般可以應用之程度，故亦非應用科學。故仙學只可以名爲特殊的科學。

仙學作爲特殊的科學，又與傳統的理學、佛學與玄學等學術有所分別。

理學乃宋儒所講之學，彼等皆側重於世間做人的道理，充乎其量，不過希聖希賢而已，雖有時論及形而上學者，亦止於空理而不切實用。假使我們嫌普通人類之身體桎梏，壽命短促，能力薄弱，不甘聽其自然，而想求得一種改造自然之學術，以滿足吾人之願望，彼等卽無詞以對。這是理學的缺點。若仙學則可以補救此缺點而有餘。

佛學乃釋家之學，立在與仙學反對的地位。宋元明清四朝的道書，每喜將仙佛兩家之說混合一處，牽強附會，非但不知佛，亦不知仙。佛家無法和宇宙定律相抵抗，眼見世間生老病死難以避免，故說「諸行無常」。仙家要推翻宇宙之定律，我命由我不由天，故說「長生不死」。佛家最後結果是涅槃，涅槃現象就是身體死亡，涅槃意義就是精神寂滅。仙家最後結果是飛昇，飛昇現象就是重濁有生命的肉體化爲輕清有生命的氣體，飛昇的意義就是離開短命的世界，而昇遷到長命的世界，永不寂滅「仙」字古寫「僊」。故仙者遷也。先遷化其形質。然後再遷移到適合此形質寄託之處所。與飛昇之義相同。

玄學乃道家之學，唐朝嘗列之於學官，凡習老子、莊子、文子、列子各書者，在當時皆稱爲玄學。此等書中雖亦偶有關於修養之言，然總不能稱之爲丹經，不能認其爲仙學。又如玄旨、玄談、玄機、玄覽、玄悟、玄妙等名詞，凡帶上一個「玄」字的，都有點令人難以捉摸。仙學乃實人實物、實修實證、實情實事，與彼專講玄理者不同，故只能名爲仙學，而不能名爲玄學。

仙學研究與修煉的原則

陳攖寧先生曾經爲仙學的修煉，提出了四個原則。今日的研究者與修煉者同樣應依照此原則去探討仙學。這四個原則即「務實不務虛；論事不論理；貴逆不貴順；重訣不重文」。

務實不務虛：仙家的功夫從入手功夫開始，經過延年益壽的階段，到出陽神的高級功夫，每一步都有其明確的修持法度，所謂有景有驗，眞實不虛，而不是空泛的理論與說教。此外，仙家功夫從始至終都有嚴格的次第，不可躐等而求。

論事不論理：道家的理論起始於春秋，歷經兩千餘年的繁衍發展，可說是汗牛充棟。一部完整的道藏通讀下來至少需三四年時間，其中很多涉及養生的文章寫得玄之又玄，華而不實。有人自身還沒有搞清楚，却要著書立說以沽名釣譽，以其昏昏使人昭昭。因此仙家重視多做實事，下私功夫，所謂「垂大名於萬世者，必先行之於纖微之事」，而不多將時間精力浪費在理論研究方面。

貴逆不貴順：生、長、壯、老、已是人類生命的自然規律，修煉金丹大道者却必須違反這一規律，卽所謂逆行。首先在生理方面要先保其精，精滿則氣壯，氣壯則神旺，神旺則身健，身健則不病，不病則長壽，而後纔可以談仙學。其次，在生活方面，飲食起居都要用逆。比如飲食方面，不能喫厚味，宜喫得清淡，有時要喫素，有時要辟穀，有時要喫水果，有時要喫松柏葉等等。總之，有許多生活與普通人不同。

重訣不重文：仙家逆修之道歷來是師徒相承，口傳心授，不肯落於文字，最爲秘密。雖有著作，其中講述具體方法時總是用「鉛汞」「龍虎」「坎離」「彼我」「溫養」「沐浴」「文火」「武火」等隱語來論述，如仙學著作中的精華參同契、悟眞篇無不如此。所以，非遇明師傳授其訣，則終難修成。只有明師傳授眞訣之後，纔能了解其中原意，進而可談金丹大道的修爲。

除以上四項原則之外，欲修仙道者，還要樹立宏大的志向。修仙學道，需要日復一日，年復一年地用眞功夫，非一朝一夕之事，這就要有喫大苦耐大勞持之以恒的決心，誠如蘇軾所言「立大事者，不惟有超世之才，亦必有堅韌不拔之志」。又如孟子所云：「故天降大任於斯人也，必先苦其心志，勞其筋骨，餓其肌膚，空乏其身，行拂亂其所爲，所以動心忍性，曾益其所不能。」如此，還要能够把名、利、諸欲盡抛，做到清心寡欲，以具備精神條件。

除上所陳，陳攖寧先生尚爲修煉研究仙學者，提出了十條箴言，也是修仙學道之士應遵守之規則。即「學理，重研究不重崇拜；　功夫，尚實踐不尚空談；　思想，要積極不要消極；　精神，圖自立不圖依賴；　能力，宜團結不宜分散；　事業，貴創造不貴模仿；　幸福，講生前不講死後；　信仰，憑實驗不憑經典；　住世，是長存不是速朽；　出世，在超脱不在皈依」。

仙學的歷史與近代之傳承

仙學傳承至今，至少已有六千餘年。據史料記載「黃帝且戰且學仙」，黃帝之時距今已近五千年，而史料又稱「黃帝問道廣成子」，廣成子當黃帝時已有一千二百歲，而廣成子未必就是生而知之者，自然有傳授。廣成子之師，更不知何代人物，復不知有幾千歲之壽齡。故，中華綿延傳承至今之仙學，至少應有六千餘載之歷史矣。

或有問，既已六千餘載，爲何從歷代祖師著述中難以求得。蓋因古仙學雖有着其極悠久的歷史，但限於歷史的局限，或委託於巫術，或依附於宗教，或寄身於其他，並没有眞正的獨立地位，特别是自東漢以後的近兩千餘年，修仙之士常隱藏於儒釋道三教牌頭之下，不能獨立自成一家的學説，遂形成了有仙無學的局面。試看參同契冠以周易之名；悟眞篇又附會老子之語，其實與易經、道德經毫無關係。後來如仙佛同源、仙佛合宗、慧命經等書，又將佛法拉入仙學之內，而佛教徒亦不肯承認。這班學仙的人，將儒釋道三教之名詞與義理渾合組織，做成遮天蓋地一個大圈套。彼等躲在此圈套中，秘密工作，務其實而諱其名。如此圓滑行藏，常常招惹儒教之排斥，釋教之厭惡，甚至於道教徒亦根據老莊清靜無爲之旨，而拒之於門外。彼學仙者流，竟弄得東家不收，西家不納，進退失據，左右爲難。二十世紀三十年代，陳攖寧先生在迫不得已的情況下，將仙學從三教圈套中單獨提出來，扶助它自由獨立，擺脱彼等教綱之束縛，然後始有具體的仙學可言。敢謂仙學證驗之法，雖歷代先哲所遺傳，而仙學獨立之精神，前人實未嘗注意到此抱朴子頗有這種精神，惜方法不足以應用；老子上也有許多修養的精義，但與悟眞篇的作用不同。惟至陳攖寧先生倡導仙學以後，仙學纔作爲一門獨立的學術重現於世。

陳攖寧先生通過自身的實修實證，爲中華仙學事業的研究、實踐與發展，奠定了堅實的理論基礎，然而由於其所處年代的紛亂，先生經歷了抗日戰爭、解放戰爭與文化大革命三個歷史時期，終因力不從心，未能最後證得仙學的最高境界即陽神出殼、白日飛昇而遺憾故去。陳攖寧先生雖然不能算是仙學的成功者，但他爲中華仙學做出貢獻與其爲仙學所建立的理論，却爲我們後學者學仙了道指明了了道之路，故有人曾予陳攖寧先生冠以「仙學學派」的開山始祖也不爲過。

仙學的基本内容

仙學包括三元丹法、中醫針藥與内家拳三大部分。

(一)三元丹法

三元丹法,卽天元、地元、人元三品丹法的合稱。

天元丹法,一般是指「清靜派」的大丹功夫。這種功夫没有流弊,能够自己作主去修煉,而不必一定借助於外物。做這種功夫最重要的一點是:不可執着於在肉體腔子裏摸索。初步功夫,鍛煉肉體未嘗不可,逐漸要跳出肉體去悟,否則不能達到「煉虛合道」的高層次。陳攖寧先生曾云:「外界資助,當然不可少,却是在虛空中尋求,不是在人身上討便宜。」「修仙者,貴在收積虛空中清靈之氣於身中,然後將吾人之神與此氣配合而修養之,爲時旣久,則神氣打成一片,而大丹始成。」蓋此言可謂切中要害矣。現在許多做清靜功夫的修煉者,只徒在自己身體上摸索用功,殊不知肉體本是一團陰氣,如何能從此採得陽氣而點化自身之陰質?因此佛教中人說我們是「守屍鬼」。因爲我們許多做工夫靜坐者,都在守竅,或守丹田,或守其他,只在身體上用功,不是守屍鬼是什麼?到頭來練的只不過仍然一團陰氣耳。如果不知從虛空中招攝,結果還會像平常人一樣死去。所以,這種功夫，只有跳出肉體之樊籠，纔能有大成的希望。清靜功夫最關鍵的口訣，即「先天一炁，自虛無中來」。功夫到時，自然一得永得。

地元丹法，又稱地元神丹，即外丹燒煉術。外丹燒煉又分爲黃白點金術與煉製丹藥術兩種。黃白點金術，就是採取礦物質，用來燒煉黃金白銀，以充修道之資，因爲修道過程中是需要費用的，如古云「無財不足以養道」；煉製丹藥術，是通過各種秘法，燒煉成丹藥，用來服食，以點化自身陰質，使之化爲陽氣，而即身成仙。這兩種外丹方法，一直秘密傳承，而今鮮有人知。雖然古人留下了不少外丹著作，可是今天已少人問津，只有社會上少數學者在研究和試驗。仙學大師陳攖寧先生，曾用十年光陰，專門研究外丹術，終因戰爭的影響而作輟，未獲最後成功。雖然如此，陳攖寧先生經過千百次的試驗，得出了結論證明古神仙所遺各種外丹口訣，確有可憑，決非欺罔。這就肯定了地元丹藥的存在。化學史界的學者也在研究煉丹術，但由於諸多因素，還是沒有眞正地將地元神丹之秘揭開。陳攖寧先生的外丹燒煉事業，我們還應當繼續研究實踐。外丹在歷史上雖然毒死了不少貴族和皇帝，但這大多是由於他們內功修煉和道德積累不足，缺少服用外丹的條件所致。世界上倒底有沒有返老還童的藥物？人能否靠外丹延年長生？這些問題至少是仙家向科學提出的挑戰，而地元丹法的精神和現代人體科學是相通的。

人元丹法，即性命雙修派功夫。這種丹法，正邪相混，歷來「隱」而不顯。特別是在受封建禮教影響較深的古代修煉者內部，深怕壞了自己的名聲，不懂的人罵真罵，懂的人也罵假罵。罵來罵去，自身的東西自己不敢承當，於今瀕於絕跡。

三元丹法，是我道家仙學歷代祖師爲了性命大事，不惜以自己身心做試驗品，而千百年流傳下來的寶貴方術。所以，對三元丹法，我們應加强研究，繼承道家仙學這一「傳家至寶」，把三元丹法發揚廣大，爲人類的健康事業服務。善與人同，同登壽域，這是有着數千年歷史的仙學所應盡的天職。

(二)中醫針藥

自古以來，醫道兩家密不可分，故有「醫道同源」之說。道家認爲「醫道通仙道」，並且有「未學道，先學醫」之說。因爲要做內丹功夫，首先就是肉體功夫的修煉，而在修煉肉體之前，先要明白人體內部的臟腑、經脈、關竅等等，這就必須學醫而後知。

學醫可以救死扶傷，是積功累德的最好形式。可以謀生，以解決修道四要素之中「財」的問題，以利人利己。如果自身修煉走偏，身上出了毛病，懂得中醫就可以自行調治。學會中醫，縱使暫時修道不成，亦不致虛度光陰，可以行醫積德，以待他日。故，道家歷來對中醫也極爲重視。

中醫中的針灸，是十分重要的一個方面，俗話說「一針二拿三吃藥」。針灸療法，對於某些疾病療效迅速，立竿見影，而且用一根針來治病，非常簡便。特別對於修仙之人來講，十分的實用。

中醫中藥，有「丸散膏丹」等類別，其中的「丹」，卽來自於道家的煉丹術。現在廣泛應用的紅升丹、白降丹等都來源於外丹術。

中醫的藥物除了治病之外，還有一個作用是延年益壽。延年藥物的研製，來源古代方士的「服食」又稱「服餌」，就是通過藥物，堅固自己的形體，使之長存，以保自己的功修達到高層次的境界。

（三）內家拳法

內家拳法，出於道家。武林界也有「武道同源」之說，或是說「拳道合一」。眞正的內家拳法，其實和修道是一回事，修道用於長生，拳法用於技擊，然皆可歸於大道，其用不同，其體則一，這就是拳與道的關係。

內家拳法的理論，來源於道家的老莊哲學和仙家的內丹學說。內家拳講究「柔」「用意不用力」「以靜制動」「以柔克剛」皆來自於老子「柔弱勝剛強」「其生也柔弱，其死也剛强」的理論。內家拳注重鍛煉腰腎，其實元氣命之所在也；注重培養動靜，其實元神性之所在也。故拳道之學，實卽性命雙修之學。

試觀拳技爐火純青的內家大師，無一不深諳道學。如果沒有「道」的提煉，內家拳法本身就不是上乘。內家拳的上乘功夫，是無形的，這就是「大道無形」，拳歸於道。故拳道合一，並非虛言。道家修煉，以「守中」爲要，偏陰偏陽，不合道體，動靜失宜，就有陰陽偏盛之患。所以不可偏於一味死靜或一味死動，這都不符合大道。如果只靜不動或只動不靜，一定會落下毛病。所以要有動有靜，動靜適中。這些就離不開內家拳的鍛煉。

煉拳强身，身體强壯了，自然雜念就少了，修道也會更容易。如打坐時念起難除，通過鬆柔的內家拳樁法或動功，自然全身氣血調和，雜念自消。因此，修道、習拳，二者兼而行之，是修行的妙方。故內家拳法，也是仙學的一項必修科目，不可缺少。

傳道之師與載道之器

紫陽眞人悟眞篇云：「任君聰慧過顏閔，不遇眞師莫强猜。」仙道工夫，非眞師莫傳，否則，智慧聰明縱超顏閔二子，亦不能證得。此實語也。眞師者，明師也，是指人而言，非譬語。因爲性功可以自悟，命功不能自悟，而且性功定要自悟，言語文字都不相干，如何可以傳授？命功是有作爲的事，雖得傳授尚未必能實行，況無傳授乎！

佛家的心性之理可以自悟，仙家修煉之術決不能自悟。縱然得遇明師傳授口訣，尚要刻苦試驗，方可有幾許希望；縱然本人有志刻苦，尚要外緣具足，方可許你試驗；縱然外緣具足，尚要自己道力堅定，方可不被外緣所誘惑；縱然道力堅定，尚要學識精深，方可不致弄巧成拙。黃帝內經云：「恬淡虛無，眞氣從之，精神內守，病安從來。」這幾句話世人多知爲修眞要言，然如何去作纔能達到「恬淡虛無」，「精神」如何去「內守」，這個具體的作法，一般人却無法知道。這就需要明白的老師來指點，方可知道其中原委。仙家秘術尤是如此，足見仙家之術是非明師不可的。

傳道的老師，必須是明師、眞師方可。陳攖寧先生口訣鈎玄錄云：「爲傳道之師者，亦有三等資格。第一等是已經完全修煉成功的人，或是古代聖眞之化身。第二等是一半修煉成功的人，其肉體上之生理，與凡夫絕不相同。這兩等人，傳道卽傳道而已，沒有什麼交換條件，亦無須要凡人去幫助他。第三等的是已經千辛萬苦，得受口訣，但因環境不佳，經濟困難，未能實行用功修煉，只得根據於人類互助之原則，尋覓一個有財力可以幫助自己修道的人，而後傳之。但其人雖有財力可以助我，而品德欠優，不足爲載道之器者，照例亦不許傳授。」另陳攖寧先生附告云：「讀者至此，不要誤會，以爲作書者心中想人幫助，故意造出許多謠言。老實說一句，我現在的程度，雖然不敢與第一等資格並肩，但可以憑我個人的力量，趕上前去，尚不十分困難，毋須要人幫助。我現在所做的事，都是爲人，不是爲己。若欲獨善其身，自然有我份内應該進行之事，何必在此舞文弄墨，惹許多麻煩？讀者須要把市儈的習氣除脱，然後看我的書，方没有障礙。」

傳道有此三等資格，學道也須有資格，普通人難入其門。誠如陳攖寧先生所言：「修道雖是美事，但非人人能做的，必須上根利器，方可成就，普通人走這條路，常常走不通。世間上智少而中材多，與其勸人修道，不如勸人修慧。果能福慧兼全，修道自然容易。若有福無慧，雖其人環境甚佳，而不能辨别是非邪正，難免妄修瞎煉。若有慧無福，雖其人能聞一知十，徹悟玄機，而爲環境所困，不能實行修證。此二種皆有缺憾。若福慧兩門俱不足者，更是少有希望，只好守戒持齋，積功累德，清心寡欲，讀書窮理，以待機緣。」

仙道之事，實不易哉。然仙道匪易，亦匪不能，惟志者識者得之。福緣若有不足，可隨時隨地，度德量力，做濟人利物之事但不一定是指有財之人，無財之人更宜修福。只要有財者施財，有力者用力，有智者用智便可。律身行己方面，當然是要持齋守戒，諸惡莫作，既省金錢，又省是非。如此久久，無福者自變有福。福既充足，若慧尚不足，自當再行修慧。

修慧之法，大概可分爲二：一是讀書窮理，訪求明師，親近善知識，虔誠恭敬，求其指教。此慧係由外入內者。二是敬禮神明，精心存養，持經誦咒，不欺暗室，清靜法齋，久之慧性通性，一誠感格。此慧係由內達外者。在佛家即謂之明心見性。如是福慧兩全，然後專修性命雙修功夫，則於仙道，庶乎近焉。否則等於緣木求魚，望梅止渴，欲求得道成眞，了生脫死，寧非夢想乎哉？

試看古今道書所講，大概不外乎三件事：一是鋪張玄妙；二是隱藏口訣；三是勸勉修行。若問及學人的生活環境，飲食起居，要合於那幾個條件，纔能正式做煉養功夫，倘與某種條件不合，對做功夫是否有妨礙，各家道書皆不注意到此。因爲中國以前社會情狀和現在大不一樣。今人所感受的，古人或許夢想不到。人生今世要想修道，必須注意自己的環境，並社會狀況是否適宜，切勿徒知責備工夫無效。

這些都是爲有資格聞道或誠意修道之士而言，普通毋論矣。換而言之，若無聞道資格之人，既遇眞師，眞師亦未必肯將修煉口訣與方法傳授；既肯傳授，本人亦未必眞能實行；既能實行，自身亦未必便有效驗。蓋普通人得之，傾命則有之，固躬則未也（陰符經云：「君子得之固躬，小人得之傾命。」）。於是徒生謗毀。在事實上，有損無益。故自古仙眞，但先教人窮理盡性，修身積德，從消極方面着手。必待機緣成熟，然後方授之眞訣。庶幾事半功倍，不致心力徒勞也。

仙道研究之要義

初下手學道，讀書明理最爲重要，不可先求法子。俟書理透徹之後，法子一說便知。或有以爲，專求口訣，立刻實行，免得費功夫看書，豈不省事？ 這就如現在學西醫的，必須進學校，聽講課本，畢業後，再出洋，求深造。學中醫的，雖不必一定進學校，但也要從師先得讀三五年醫書，然後方可臨證實習。 走江湖的郎中，牽駱駝，賣膏藥，學會幾個草頭方子，就是一字不識，也能替人醫病 **胡海牙按** 我初學道時，曾有一友，名賴金茂，此人未曾上學，也不識字，但會用一種山間草藥治療風濕病，一時求醫索藥者衆。然其後來自己由於長住山中，也患上風濕病，遂用自己發現的草藥治療，且用量比常人大，結果病未治癒，反中毒身亡，這雖比進學校讀醫書省事，然究竟不能登大雅之堂，憑他那副本領，只能應付鄉愚市儈而已。 學仙的人，若專學口訣，不肯讀書，就等於走方郎中一樣。 自古無不讀書之神仙，幸勿貪捷徑，免誤大事。

除讀書明理之外，尤須立德立品。 修道必以德爲輔，德不足者，每欲下功，魔難隨至。歷來成道者少，半由於不遇眞師，半由於自己蹉跎或業障阻礙耳。 如果品學兼優，更遇機緣湊合，則所得必是上上等法子； 若品德雖好，而學問不足，則所得者，當是中等法子； 若學問雖好，而品德欠缺，此種人只能學普通法子； 若品學俱無者，此種人對於仙道可謂無緣，縱然勉強要學，只好學一點旁門小術江湖訣而已。

學仙及畢業

爲了後學者方便計，一些前人在修仙的全部歷程中，勉强劃分幾個段落而已。丹經常言：修煉第一步功夫要一百天，第二步功夫要十個月，第三步功夫要三年，第四步功夫要九年。然這些期限，說得太死板，與實際不相符合。修仙一事，要看學人年齡之老少、資質之愚智、境遇之順逆、財力之厚薄、障礙之有無，自古難以一概而論。再者還要看學者是否眞心學道；是否只爲名利，僅假學仙修道以作幌子；是否對學仙一事，只是一時隨喜，旋卽放棄，有始無終；是否不遇眞師，未得口訣，而輕信邪師之指導，盲修瞎煉；是否雖遇眞師而未得全部口訣或只聞下手工夫。如此種種，亦難一例視之，然皆修仙之障礙也。

這就像學生在學校之時，有畢業之期限，等走了上社會，擔負起了社會、國家之重大責任時，就永遠沒有畢業的時候了。縱使堅持不懈地學到死，尚且會嘆息今生虛度。這是對勤奮刻苦者言，設若調皮貪玩、資質愚鈍之輩，在學校各個階段中，尚存在有不能畢業之患，這就像學仙之人的諸多外緣不足者一般，同樣難以順利登入大雅之堂。世間學業尚需刻苦勤奮，努力進取，方有希望功成名就，何況學仙者乎？　故更需勤懇，纔有望成就矣。

若謂：　如此說來，修仙豈無望乎？　曰：　此爲上智說法。普通學人可根據自己之具體情況來決定自己之目標，能達到目的的，卽謂畢業也。如欲健身者，身體康健卽謂成功；　欲却病者，病去卽謂成功。如此等等，皆可謂畢業也。若不滿於此，志心仙學最終成就者，自需繼續努力。由於學無止境，故謂永無畢業之日也。

普通知識階級中人，若要求神仙全部學術，憑他們自己力量去鑽研，大約須費三十年光陰，尚未必能弄清楚。因爲有些書看不懂，有些書又買不到。現今傳口訣的或一知半解，或根本不懂，多是借道斂財，罕有全部貫通者。若由我們指導看書，快則三年，慢僅五年，就可以得到全部仙學的一個輪廓。然後再根據自己的志願，要小就走小路，要大就走大路。又要審察自己的環境，宜人元就用人元，宜地元就用地元，宜天元就用天元。神而明之，存乎其人。如此久久，庶去仙不遠矣。

仙家的歸宿

仙學是研究加速人類進化以至於如何從肉體到炁體再進入星際的特殊科學，其修煉結果，「小則延年益壽」乃至長生不老，「大則白日飛昇」。

「小則延年益壽」，是指通過主動、自覺的修煉過程，達到健康長壽以至於長生的效果。而且仙家認爲，這一修煉的方法適合於任何人。卽無論男女老幼，只要依法修煉就必定可以延年益壽。這與由於氣候、環境、飲食等自然條件所致的長壽是有區別的。前者是自身努力的結果，後者則是大自然的恩賜。

「大則白日飛昇」，並非瑜伽術者認爲的，修煉到最高境界時人可以騰空飛行。仙家所謂的「白日飛昇」，是指修煉到高層次時，可以出陽神。出陽神的表現狀態之一，是身外有身，可顯化於世。到了這一境地，修煉者可以顯示出超過常人的特殊能力，其能力之宏强是用現代科學理論無法解釋的，尚且不可思議的，也非所謂的特異功能，因爲這是脫離了自然身的。

「白日飛昇」需要經過住世仙學中如身體健康法、壽命延長法、駐顏不老法、人種改良法等方法，建立基礎。這些方法，只要有恒心有毅力，人人皆可以奉行。俟這些初步功夫有了一定的基礎，方可更進一步，步入出世仙學之修煉。出世仙學包括斷烟火食法、肉體生化氣體法、氣體出入自由法、氣體聚散隨意法、氣體絕對長生法、氣體飛昇到另一個世界法。經過出世仙學的修煉，纔可有「白日飛昇」之結果。這些方法，乃專門仙學之獨有，別種科學萬難做到。但必須下多年眞功夫，方有成就。

或問飛昇以後，會是怎樣？陳攖寧先生認爲，人的身體，是固體、液體、氣體和靈性所構造；仙的身體，是單純氣體和靈性所結成。人沒有肉體，卽不能生活；仙離開肉體，更可長存。肉體構成的成份複雜，故不耐冷熱，熱極則腐爛而亡，冷極則凍僵而死。仙是單純的氣體，故冷熱皆無妨害，熱極不過身體膨脹，放大而已，無所謂腐爛。冷極不過身體收縮緊密而已，無所謂凍僵。仙在此世界上，雖暫時以肉體爲房舍，若一旦遷移到其他世界，卽拋棄肉體，僅用氣體上升。但冷處尤爲相宜，愈冷則氣愈團結而神愈堅凝，故壽命遂無限量。陳攖寧先生所言，暫未得到證實，然考古仙眞之遺著，及歷代口口相傳至今之修仙秘訣，「白日飛昇」之說並非子虛烏有，實是大有希望，但這需要我們修仙好道之士的共同努力進取，纔能成功。

今天，科學家們可以通過宇宙飛船登上一些地球以外的星球，並力圖通過科技手段，使人類能更多地遨遊於其他星球，但他們要借助於外物。而仙學只需自身的努力，便能完成這些工作。故如欲加速人類進入星際文明的進程，仙學的研究是必不可少的。這就需要智者知者志者之共同努力。

學仙與成仙

今日學仙者，最疑者莫過是否眞有仙與仙學是否迷信。如此問題，雖似簡單，然要回答，須分爲以下若干條。

一者，「迷信」二字，乃人類所不能免者，因爲各人的見識不同，志願不同，所以他們的信仰也不同。這就形成了各自不同的迷信。我們既不管別人的閒事，也不許別人胡亂批評我們。故，「迷信」二字，簡直不成問題。

二者，成仙的證據，在書上多得不可勝數。道書上所記載，若怕他說慌，請看歷代以來的稗官野乘筆記等類文章。若再疑惑這些文章是空中樓閣，請看司馬遷的史記以及廿四史列傳和各省府縣誌就連平素極力反對仙道學說唐代大文學家韓愈，在其謝自然一詩中，還明確地記述了其所見的一例「白日飛昇」的現象。若還不相信這些，那只有請各人到本族祠堂中翻一翻本族家譜，前代總有幾位祖宗事蹟與史志各傳相符合。至於乩壇上文章，不敢引爲證據，置之勿論可也。

三者，親眼看見神仙，固然是好。可惜古代神仙已經過去，只有與他們同時的人可以親眼看見，後來的人就難得看見他們。況且，同時的人也不是個個都能看見。譬如，此刻某地出了一個神仙白日飛昇，此地之人自然可以親眼看見，而他地之人只好得之耳聞。等他地之人趕到某地來看，神仙老早飛昇到其他世界中去了。

四者，世間學術，本有普通與專門之別。普通的人人皆能理解，專門的須要高等程度方許入手研究，不能令大眾皆知。仙道亦復如是。若要說得明明白白，顯示充分之理由，雖亦未嘗不可，但究竟還是一種空談。縱使普通人都能了解，他們仍舊不能實行。

我們今日所以提倡仙道，因爲此種法門快要斷絕，想勸化幾個有大志願、大力量、大學問的人，共入此門，承擔大任。萬人中能得一人，就已不算少了。這是驚天動地的事業，決非庸碌之徒所能做到。所以，我们不希望普通人都能了解，讓他們鑽入別的宗教門中去罷。

凡是前人已經有過的事實，繼續究研而倣傚之，這種人只能算第二等角色，尚不能稱第一等天才。我們希望好道諸君要有創造的精神。不必問前人已經做過沒有，只問我們自己願不願意做。設若願意，就立刻做起來。果能一朝到地球之外看一看別的星球上面是什麼情形，豈非大家都贊成此舉麼？

古人做不到的事，不敢說今人一定做不到； 今人做不到的事，也不敢說後人一定做不到。現在若有第一等的天才，能竭力奉行仙學十條眞義及仙學研究的四大原則，我们想無論何種奇怪事情，没有做不到之理。

仙學研究之必要

在漢書藝文志中，仙學就已與醫經、經方、房中三種被並列稱爲方技，劃歸醫學之範疇，而今天，其他三種方術均有研究者，而惟仙學之研究者甚寡借仙學之名沽名釣譽或借道斂財者除外。原因何在？蓋世俗每一聞到「仙」字，便覺不可思議，甚至視仙學是迷信或怪誕。然而我們如果從進化的角度來觀察，這種不可思議也就並非不可思議了。

人類的祖先類人猿，經過了數十萬年甚至千萬、萬萬年的漫長歲月，始進化爲我們人。而我們的祖先又經過幾千年來的努力，纔發展到今天這個社會，試想一下，如果用類人猿的眼光來看我們人類，用我們祖先的眼光來看我們的今天，是否也是不可思議？所以，我們認爲「仙」爲不可思議，主要原因是彼此程度相差太遠所致。再者，仙並不是人們平常意識中「神」的世界，仙是人類自强不息的結果。然而修仙一途，甚爲艱難，但絕非不能，惟有志有識得之。

外國人歷代都有來中國探求仙學者，然仙本惟我中華獨有，其性質上具有强族强種的效用，故歷代前輩均不輕宣其秘旨。而仙學，雖爲中華固有文化之精粹，却在國内得不到相宜的發展，致使許多國外人士常耽視於此。

在今日科技發達，文明進步，眾喜鑽研傳統文化的時代，倘喜好仙道者能博採古今眾家之長，分析比較，去粗存精，去僞存眞，則仙學研究碩果纍纍之日可望矣。利人利己，大同世界，和平安寧，亦仙家之宏願也。

研究仙學之著作

仙學研究，第一要義無過乎讀書窮理，然古今丹經道書，修仙著述，汗牛充棟，多不勝數。究竟應從何處下手，是諸修眞學子與仙道研究者與愛好者關心的問題。

仙家著述最佳者，莫過於東漢魏伯陽之周易參同契及宋紫陽眞人張伯端之悟眞篇。此二書雖爲仙道正宗，然須從原著看起，後世註解多不可信。或有妄評瞎註，肆意歪曲，讀者閱之不能獲益且多有害。並此二書頗多隱語譬言，就參同契而言，滿紙「鉛汞」「龍虎」「坎離」，普通人看了不知所云，即使有學問的人看了，也不免頭昏腦脹。若無眞師傳授口訣，孰難讀懂。惟得明師口訣以後，方能明了其中眞意。清代發現的黃元吉之樂育堂語錄、道德經註解，雖被仙學大師陳攖寧先生珍爲「私淑」，然其弊却在由弟子所輯，前後反覆，雜亂無章，不成系統，其理雖佳，然其中所述方法也非全是上乘。故只能學其理，而對其方法當分別對待。

惟至近代，陳攖寧先生之文章，内容淺顯，學理精闢透徹，可爲今日學仙之最佳參考。然先生文章多見於書信，公開發表的著述並不多。其於二十世紀三十年代上海翼化堂創辦的揚善半月刊與仙道月報上的部分著述，被輯入臺灣出版的中華仙學一書。在大陸，仙學解秘：道家養生秘庫與道教與養生二書，又分別從中華仙學上轉錄了部分先生的文章，然這幾部書對陳攖寧先生的文章及思想均有不同程度的改動。所以，我們打算將陳攖寧先生的著作，全面的整理一番，並且將一些没有公開發表過的著作也擇要地公諸於世，以供仙學修煉者與愛好者參考。

結語

中華古老的仙學學術是中華民族傳統文化精粹之一，由於歷史的因素，一直得不到相宜的發展，致使歷代傳承，多是一脈相續。隨着今日科技的發達，文明的進步，政治的昌明，遂有諸多意欲鑽研中華文明源流的有識之士，始關注於神仙學術。而遺憾的是，這些有志仙學者，散居於全國乃至世界各地，不能團結於一起。故仙學事業的發展也呈窒礙不前的狀態。

仙學事業，是一番宏偉的事業，非個人之力所能完成，這就需要集思廣議，群策群力。如此，方能使仙學事業更加發揚光大，極早地服務於社會，服務於人類，這也是我們修仙之士應具備的精神。

神仙·仙學·道教

胡海牙　蒲團子

二十世紀初，一位俄國的生物學研究者麥奇尼可夫曾在其著作長生論的結尾這樣寫到：

「我不能深信，依任何現有性質自然的傾向，能變惡爲善，能變不適應爲適應。這樣理想不能實現，並不足爲奇。雖然有人認爲，自然有犧牲個體保存種類的趨勢。這是根據個體死亡種類猶存的理由。但在另一方面，在世界上有許多種類現在確已完全滅絕。在這些滅絕了的種類中，有體軀發達的動物。各種類人猿，就是很好的例子。自然對於他們沒有顧惜，我們人類有什麼把握不會遇到同樣的命運呢？這種未來的事我們是不知道。我們不能不把自然放在一邊，來靠我們的智慧求生存。」「我們的智慧，既然能給我們許多知識，我們根據這個理由，可以改善我們的性質，使不適應變爲適應。惟有我們的意志，可達到我們的理想。」見長生論，商務印書館一九四〇年第一版，一九九一年六月影印第一版。

二十世紀初，一位中國的道學研究者、「仙學」的倡導者，後來爲人們譽之爲「當代太上老君」「科學神仙家」「仙學學派創始人」的仙學大師陳攖寧先生，在其眾妙居問答續八則中這樣講道：「仙家的人生觀是缺憾的，其宗旨在改造自然」「人類的始祖是類人猿，因爲這種猿類有創造能力，並取得各種有利的條件，經過長久的時期，逐漸進化，變爲今日的人類」「須知進化是無止境的。古代之猿既能進化爲今日之人，安知今日之人不能再進化爲將來之仙？ 世俗每一聞『仙』字，每覺得奇怪不可思議。若用猿類的眼光看我們人類，也是不可思議的。因爲彼此程度相差太遠，遂有這種感想，並非不可思議。但不可坐待，應當積極發揮自己創造之能力。若一切聽其自然，非但不能進化，恐怕還要退化。古代猿類中富於創造性者，卽進化爲人； 其無創造性者，至今仍舊是猿。再經過長久的時期，猿的種類不免更要減少，甚至於消滅。我們如果想要由人類進化爲仙，亦須努力創造，不可聽其自然。」見仙學指南，中醫古籍出版社一九九八年出版。

兩位不同國度，不同領域的研究者，所持的主張是不謀而合的。其實在我國，自軒轅黃帝時代，就已出現了旨在延長人類生命，祛除生老病死對人類威脅，以至於長生不老、陽神出殼、白日飛昇的專門學科。他就是陳攖寧先生一生致力研究並極力倡導的，中華民族智慧的結晶——仙學學術。

神・仙・神仙

神仙，是道教最基本的信仰，是仙家的最終成就。然而道教與仙家的神仙有着一定的區別。

說文解字云：「神，天神引出萬物者也。」神是人們對一些事物的崇拜和信仰而產生的。對神的信仰與崇拜，中國與國外雖有差異，但實質是相同的。所異者，惟一神與多神耳。他是依靠科學的不發達和人們的消極心理而出現的一種虛幻的事物，如果人們能積極地面對人生，面對自然，隨着人類的不斷進化，科學的日益進步，直至有一天，科學終將推翻迷信，神也就不復存在了。這將是歷史的必然。惟有一種神是眞實存在於人身中的，他就是人們常說的人的「靈性」，即修煉家所謂的元神。這種神通過鍛煉，可以出現一些特別的能力，與信仰之神不同，而與仙則有一絲聯繫。

如果說神是世界性的，那麼仙則是惟我中華民族所獨有的，其他種族是沒有仙的。而仙與神的最大區別則是：神是依靠人們的信仰而存在的，而仙則是人類自強不息的結果。神是虛幻的，誠如程氏遺書云：「嘗聞好談鬼神者，皆所未曾聞見，皆是見說，燭理不明，便傳以爲信。」而仙則是實有的、科學的，但必須下眞功夫纔能成就的。

說文解字云：「仙，長生遷去。」釋名云：「老而不死者仙；仙者，遷也，遷入山也。」可見，仙最根本的特徵是長生。而長生的最初表現則是長壽。這些都是來不得半點虛假的。從長壽到長生，從長生到遷去，這是仙在人間所顯現的一個基本過程。一般人對長壽能够理解，惟獨長生、遷化一節尚有疑義，今不妨簡而言之。

我們普通人的身體，是固體、液體、氣體和靈性所構成的。仙人的身體，是單純炁體和靈性所結成。要成就仙，首先得經過世間法之身體健康法、壽命延長法、駐顏不老法、人種改良法等方法的煆煉，使普通之肉體得以長生。在此基礎上，再用出世間法的斷烟火食法、肉體生化炁體法、炁體出入自由法、炁體聚散隨意法、炁體絕對長生法、炁體飛昇到另一世界法等惟有仙學獨有的方法，煉化我們人類的肉體，使之成爲仙體。

我們知道，人沒有了肉體，是不能生存的，而肉體構成的成份又很複雜，故不能耐冷耐熱，冷極則凍僵而死，熱極則腐爛而亡。仙則是由單純炁體組成，冷熱對其沒有妨害，冷極不過收縮，熱極不過膨脹，無所謂凍僵、腐爛，故這個生命體的壽命是没有限量的。這就是仙家眞正的長生。

仙在此世界上，雖暫時以肉體爲房舍，若一旦遷徙到其他世界，卽拋棄重濁的肉體，僅以清輕的炁體上昇。這種所謂的炁體，不同人們平常概念中的氣體，他是人類自身精華的提純與人體靈性的結合物，他是可以由成就者自己作主的。這也就是修煉家常說的陽神出竅。

所謂的遷化，卽陽神出竅、白日飛昇。他是修仙者在此世界卽地球上，最終成就的一種表現，是有目共睹的，是眞實的。如果不能有目共睹，則都是欺人之談。這是判定陽神出竅、白日飛昇的惟一標準。

所謂陽神出竅者，卽道書中所說的身外有身，他是修煉者經過世間法的修煉達到長生，更進一步通過出世間法的修煉，從重濁之肉體的精氣神中提煉出輕清有靈性的炁體卽陽神，從此世界卽地球昇遷到其他的世界星球。清華老人語錄曾云：「當陽神透頂以後，在太虛中逍遥自在，頃刻飛騰萬里，高踏雲霞，俯觀山海，千變萬化，從心所欲，回視幻軀，如一塊糞土，不如棄之，是以蜕骨於荒巖，遺形於遠蹈，此委身而去者之所爲也」見陳攖寧著孫不二女功內丹次第詩註出神第十三，下同。

所謂白日飛昇者，則較陽神出竅更進一步，他是在陽神出竅的基礎上，再進行一番煅煉，連同幻軀一並化爲炁體而上昇。此較之陽神出竅，又須多下工夫，也較陽神出竅困難得多，故成就白日飛昇者頗少，今日幾乎是絕無。故清華老人語錄又云：「若有志之士，不求速效，自願做遲鈍工夫，陽神可出而勿出，幻軀可棄而勿棄，保守元靈，千燒萬煉，忘其神如太虛，而以純火烹之，與之俱化，形骸骨肉，盡變微塵，此渾身而去者也。」白日飛昇，韓愈謝自然詩一詩中講述頗詳，且其是站在反對者的立場上記述的，應較宗教家及贊成者的記述更爲可信。當然，有眞就有假，我所知道的假神仙一文中就曾披露過一位修煉者用魔術手段做陽神出竅的實事。

神仙，是神與仙的合稱。這與中華民族傳統文化中喜融合的習性分不開的。人們既需要神作爲自己的精神寄託，又需要神有仙的特別本領，故將精神中的神與現實中的仙合稱爲神仙，以滿足自己的心理要求。所以在現實生活中，神與仙是有着密切關係的，神有着仙的本領，仙有着神的傳奇，這也是我國神仙家的一個特色，同樣也使道教的信仰具有色彩。

但是，需要說明的的一點是，普通老百姓所謂的神仙，主要是說神，幾乎沒有仙的成份，這是因爲他們大多只知道對神的信仰，而對本來就較爲隱蔽的仙了解得甚少所造成的。道教所說的神仙，是神、仙參半的，其不僅包括虛幻的神靈世界，同時也涵蓋通過眞修而成就了的仙。可以說，道教所講的神仙是神化了的仙與眞實化的神的結合體，是比較完美的比較理想的神仙。仙學研究者也用「神仙」這個詞，雖然也沿襲這種傳統的稱謂，其實仙學家所說的神仙，僅僅是指仙，而絕無神的成分，與普通老百姓所認識的神仙不同，與道教所信奉的神仙也有一定的區別。這個在研究仙學時，一定要區別清楚。

神、仙、神仙三者之區別，是仙學研究者需要了解的最根本的問題之一，只有弄清了他們之間的關係，在研究與實踐之中纔能少走彎路。

仙學長生科學論

仙學，顧名思義就是研究成仙的學問。他是專門研究人的衛生、養生、攝生和精神境界的淨化提純，乃至身與意的統一、升華，直至長生、陽神出竅、白日飛昇的學術。他最根本的表現是長生，最初級的狀態是長壽，最終的結果是陽神出竅、白日飛昇。

對於長生之說，從古到今一直爲世俗所詆毀，特別是在科學發達的今天，更有不少人斥其爲荒誕，或客氣一點，謂其爲封建迷信，是科學落後的產物。從而，也使不少仙道愛好者對長生之說產生種種懷疑，更莫說什麼「陽神出竅」「白日飛昇」了。那麼，人體究竟能否長生呢？作爲專門研究仙學者，我們認爲，是極有可能的。

曾經有人對人類的壽命做過這樣的統計：在我國夏、商時代，人們的平均壽命不足十八歲，周、秦、西漢時代爲二十歲，東漢時爲二十二歲，唐代時爲二十七歲，宋代時爲三十歲，清代時爲三十三歲，解放前爲三十五歲。解放後，根據一九五七年的調查，我國人口的平均壽命爲五十七歲，一九八一年爲六十八歲，一九八五年爲六十八点九七歲。據當時的有關專家預測，公元二〇〇〇年我國人口的平均壽命可達七十一歲男或七十四歲女。由此可見，隨着社會的進步，科學的發展，人民生活水平的不斷提高，人們生活方式的日益改善，人類的平均壽命也在逐漸地延長。在現實生活中，古人「人活七十古來稀」的成語已不復存在，取而代之的是「今日百齡已不奇」。這種事實證明，人們長壽的願望已逐步得以實現。按照這樣的趨勢發展下去，只要人們能妥善的改造自然和自身的缺陷，將壽命延至更長，甚至於長生，並非不可能的事。

但，人們雖對長壽給予了肯定，而對長生却諱莫如深，並視其爲怪誕，爲迷信。這種見解不免有些偏頗。這只能說明，人們對長生採取的是一種逃避的態度。這也是因爲，今天的人們，對速死有着多種多樣的方法，而對長生的方法却一無所知，只能產生這種並非公允的觀點。

雖然科學界也在爲尋找長生的方法不懈努力着，但他們大多只着眼於求助身外之物，而忽略了從人類自身去研究解決這個問題。而在中華民族，我們的老祖先，早在幾千年前，就有了從人體本身來解決長生的方法，並綿延傳承了下來。這就是我們所提倡的仙學學術。然要證實長生之果，畢竟是一件迥乎尋常的事情，由世俗所帶來的困難重重，故實證者往往只有秘密進行，以避免俗流之毀謗所造成的不利影響。這也是形成仙學學術愈傳愈隱的一個主要原因。

有生就有死，有死亦有生。普通人往往將這種觀念運用於不同的個體之中，他們認爲這種生死的交替只能存在於不同的個體之中纔會合理。佛家的輪迴學說雖略有進步，但他們的觀點却要等到肉體死亡之後纔能證明，這種說法也不免使人感到有些渺茫。仙學家則認爲，一切的事物既然可以永遠地死亡，爲什麽就不能永遠地存在？人們能承認永遠的不復存在，爲什麽不能接受長久的存在？既有速朽，也就應該有永存，關鍵在於人們能否找到相應的方法。如果人們不求進取，只去任憑自然的支配，那麽人類進化的過程將是何等的緩慢？而仙學的宗旨，在於改造一切不利於人類進化的因素。故仙家在不能滿足於這種現狀的前提下，發明多種方法以延長生命，並以其特殊之效果來加速人類進化的步伐。此卽歷代修煉家所謂的「順則成人，逆則成仙」。

若以世俗的看法，萬事到頭，不過一死，世間事物又是生不能帶來死不能帶去，碌碌一生又有何用？但没有人願意很快地死去雖然加速死亡的方法很多。究其因，人們還是不甘心於速死，並無時不刻地在爲人類向長生的邁進而努力着。而我們仙學的長生學說，恰恰是極符合人們願望的。並且，只要人們能切實地將此種學說付之實踐，其結果也是能如人所願的。今人有提倡安樂死者，但提倡者並不主張給自己用，此卽好死不如惡活者也。作爲醫者，亦不願爲自己的病人使用安樂死，因爲治病救人是醫生的天職，故無有醫者希望自己病人安樂死的。只要病人有一線希望，醫者也會盡力挽救的。

陳攖寧先生也曾經在其眾妙居問答續八則中作過這樣一個比較：　地球人類的一歲，是根據地球順軌道環繞太陽一週的時間來計算的，這個過程所用的時間，曆法稱爲一年，在人壽命上算作一歲。假定人類的壽命爲一百歲，地球上的一百歲比較太陽系其他八大行星上的一百歲，其時間的長短，各不相同，也頗有意義。我們將發現，水星上的一百歲等於地球上二十四歲；　金星上的一百歲等於地球上六十一歲；　火星上的一百歲等於地球上一百八十五歲；　木星上的一百歲等於地球上一千一百八十六歲；　土星上的一百歲等於地球上二千九百四十五歲；　天王星上的一百歲等於地球上八千四百零二歲；　海王星上的一百歲等於地球上一萬六千四百六十七歲；　冥王星上的一百歲等於地球上二萬四千八百歲。這個計算是按八大行星繞太陽一週所經過的時間之長短和地球上一年三百六十五日作比例推算，零數不計。前三星及地球，可稱之爲短命世界；　後五星，可稱之爲長命世界。

現代的科學家，一直在探究着太陽系是否還有與我們地球人類相類似的生命，並試圖用現代科技手段與其作聯繫；　也有不少科學家試圖研製一些飛行器，遨遊這些星球，或在其上安家落户。若果眞成功，地球人類的壽命是否會因易地生存而更加延長呢？若能延長，是否還會有比這幾個所謂「長命世界」的星球更能使人長命的世界？　是否還會有長生不死的世界？這些尚須科學界的進一步探索、考證。

當今的科學，已經能借助宇宙飛船等飛行器登上月球，也必將會有另外的器具使人登上其他的星球，然與仙學方法不同。肉體的長生是仙學最根本的表現，陽神出竅、白日飛昇是仙學在此世界上的最終成就。其結果是人類的身體，僅以炁體的形式上昇到其他有利於生存的環境。雖然科學界也想利用飛行器具讓人們登上有利生存的環境，但處處受肉體所累，即便是他們眞正到了地球以外的星球，恐怕肉體亦難免毀滅。仙學的方法，則恰恰彌補了這種缺憾，但需要下一番眞功夫方能成功。

神仙實有論

關於成仙的證據，古書上的記載多不勝數。道書上的記載，若怕他說慌，請看歷代以來的稗官野乘筆記等類文章。若再疑惑這些文章是空中樓閣，就請看廿四史列傳、司馬遷的史記和各省府縣誌。若不相信這些，不妨請各人到本族祠堂中翻一翻本族的家譜，前代總有幾位祖宗的事蹟與史志各傳相符合。

或有人云：典籍記載之仙人事蹟，與吾人頗遠，最好讓我能親眼看到。此說固然是好，但古代的仙人已然過去，只有與他們同時代之人或可見到，後來人就難見到了。或又有云：　如此，神仙之說豈非亦爲虛渺麽？　此問，使人不禁想起了陳攖寧先生當年爲呂碧城女士講解孫不二女功内丹次第詩十四首時所引用的韓愈謝自然詩一詩。　其詩全文如下。

果州南充縣，寒女謝自然；　童騃無所識，但聞有神仙。　輕生學其術，乃在金泉山；繁華榮慕絕，父母慈愛捐。　凝心感魑魅，恍惚難具言；　一朝坐空室，雲霧生其間。　如聆笙竽韻，來自冥冥天；　白日變幽晦，蕭蕭風景寒。　檐楹暫明滅，五色光屬聯；　觀者徒傾駭，躑躅詎敢前。　須臾自輕舉，飄若風中烟；　茫茫八紘大，影響無由緣。　里胥上其事，郡守驚且嘆；　驅車領官吏，甿俗爭相先。　入門無所見，冠履如蜕蟬；　皆云神仙事，灼灼信可傳。　余聞古夏后，象物如神姦；　山林民可入，魍魎莫逢旃。　逶迤不復振，後世恣欺謾；　幽明紛雜亂，人鬼更相殘。　秦皇雖篤好，漢武洪其源；　自從二主來，此禍竟相連。木石生怪變，狐狸騁妖患；　莫能盡性命，安得更長延。　人生處萬類，知識最爲賢；　奈何不自信，反欲從物遷。　往者不可悔，孤魂抱深冤；　來者猶可誡，余言豈空文。　人生有常理，男女各有倫；　寒衣及饑食，在紡績耕耘。　下以保子孫，上以奉君親；　苟異於此道，皆爲棄其身。　噫乎彼寒女，永託異物群；　感傷遂成詩，昧者宜書紳。見韓昌黎全集。

此詩通篇三百四十字，前半段敘事，後半段議論。　其將諸多詆毀之詞皆加於謝仙眞一身，可知韓先生絕不相信世有仙人。韓先生平素不信佛道乃世之共知者，此篇亦然。然韓先生之所以詆毀謝自然眞人，只不過是其飛昇之現象與韓先生平日「人生有常理，男女各有倫；寒衣及饑食，在紡績耕耘。下以保子孫，上以奉君親；苟異於此道，皆爲棄其身」的主張不同而已，其與仙家之見識有如霄壤。惟其所述之事實，却爲世人提供了一個極爲有力的反證。故陳攖寧先生評曰：「夫神仙所以可貴者，在其成就超過庸俗萬倍，能脫離塵世一切苦難，解除凡夫一切束縛耳，非徒震於神仙之名也。名之曰神仙可，名之曰妖魔鬼怪亦可，所爭者事實之眞僞而已。謝自然飛昇事，在當時有目共見，雖韓先生之倔强，亦不能不予承認。奈其素以儒教自居，闢佛闢老，道貌儼然，一朝改節，其何能堪！睹茲靈蹟，被以惡名，亦無足怪。吾人讀墉城集錄一書，記謝自然女眞生平神奇事蹟，至爲詳悉，惟不敢遽信爲眞實。今讀此詩所云『須臾自輕舉，飄若風中烟』『入門無所見，冠履同蛻蟬』諸語，然後知沖舉之說信不誣也。後之學者，可不勉哉！」韓昌黎全集謝自然詩註云：「果州謝眞人上昇在金泉山，於貞元十年十一月十二日辰時，白晝輕舉，時郡守李堅以聞，有賜詔褒諭，謂所部之中，靈仙表異，元風益振，至道彌彰，其詔今尚有石刻在焉。」

仙學與道教的關係

陳攖寧先生之所以將仙學獨立於道教之外，並非其有意於成立新的教派，實不得以而爲之也。

觀揚善半月刊陳攖寧先生答拙道士黎道人二君一文云：「當今之世，輕視道教者，實繁有徒。請看商務、中華兩家出版書籍，凡關於道教者，皆無好評。而且道教史中，居然有佛教痛罵道教之語；道教概論、道教源流等書，亦復偏袒佛教。僕自憾才疏學淺，又苦於輔助之無人，若就道教立場與彼等作筆戰，設不幸而失敗，恐累及道教之全體。故將陳綫範圍縮小，跳出三教之外，以仙學爲立足點，而抵抗彼等之進攻。苟受挫折，亦不過損我一人之名譽，與中華整個之道教固無妨也。並且不至於惹起儒釋道三教之爭議。愚意認爲此爲最妥善的辦法，故改變以前之論調耳。」論四庫全書提要不識道家學術之全體一文中云：「吾人今日談及道教，必須遠溯黃老，兼綜百家，確認道教爲中華民族精神之所寄託。切不可妄自菲薄，毀我珠玉，而夸人瓦礫。須知信仰道教，即所以保身；弘揚道教，即所以救國。勿抱消極態度以苟活，宜用積極手段以圖存，庶幾民族復興有望。武力侵略，不過裂人土地，毀人肉體，其害淺；文化宗教侵略，直可以奪人思想，劫人靈魂，其害深。武力侵略我者，我尚能用武力對付之；文化宗教侵略我者，則我之武力無所施其技矣，若不利用本國固有之文化宗教以相抵抗，將見數千年傳統之思想，一朝喪其根基，我中華民族之中心，終至失其信仰，禍患豈可勝言而有信哉！」又答江蘇如皋知省廬云：「故愚見非將仙學從三教束縛中提拔出來，使其獨立自成一教，則不足以延綿黃帝以來相傳之墜緒。觀全世界所有各種宗教，已成强弩之末，倘不改頭換面，適應環境，必終歸消滅。」故陳攖寧先生作中華全國道教會緣起、復興道教計劃書等，皆不欲使我中華道教毀於一旦也。由此可見，仙學、道教，實無二別也。

道教離開道不行，離開教亦不行。而後世學者，則多側重於教而忽視於道。故仙學亦成爲了教外之別傳。這不能不說是道教的一大遺憾。

我們今日之所以依然提倡仙學，是因爲這門學術快要斷絕了。雖然今世亦有人談及仙學，然與陳攖寧先生所提倡者，及我們所研究者，多不相合。爲了使我中華始祖軒轅黃帝所遺之學術得以延續，我們不得不再倡仙學，以使我民族之靈脈得以綿延。

關於道教

今世道教之研究者，每每將其作爲一種宗教及哲學來研究，而忽視了其科學的有益於人類的內容。這是不無遺憾的。這裏所謂的科學，即我們所說的仙學。

隨着人類科技的不斷進步，神靈信仰必將無立足之地，宗教亦必將面臨消失的結果。這也是人類發展的必然。而在我國，道教恐怕是首當其衝。觀近代之歷史，特別是自鴉片戰爭以來，外來文化之入侵，使中華民族固有之傳統文化，日呈衰勢。一些民族之瑰寶，亦由茲而失。不可否認，外來文化對我中華民族的發展曾產生過推進的作用，但同時也讓我們民族固有的一些優點，蕩然無存。語言用外來的，學術用外來的，文化倣傚外來的。我們不能斷言外來的就是不好，但如此下去，我們還會有我們自己的東西麽？

惟有中華民族之道教，有義務擔當延續民族靈脈之大任。然而，徒從科儀、經懺着手，恐不足用，必須從科學手段入手，方可見功。作爲仙學研究者，我們主張從仙學研究着手。這也是陳攖寧先生倡導仙學之初，諸前輩之本意。如若僅抱着信仰與崇拜，恐怕最終招至淘汰。

試觀今日之道教，其現狀恐不容樂觀。若後來者不再奮進，他人「道教無人」之戲言恐眞要成爲事實了。

談陳攖寧仙學的科學性

胡海牙 · 蒲團子

仙學學術是道家學術的精髓，是道教文化的靈脈。我們研究道家學術，道教文化，對仙學學術的研究，是必不可少的。近年來，有不少朋友在跟我們談論仙學時，提出了這樣或那樣的問題，也有一些不同的看法與見解。爲此，結合自己的認識和現代相關的科學，略談一下陳攖寧仙學的相關內容，供大家參考。

三元丹法的研究與科學

三元丹法即天元、地元、人元三種丹法之合稱。

天元丹法

天元丹法，一般是指清靜派工夫而言。所謂清靜派，清是指無須外侶，自己就可以修行；靜是指此種工夫主要以靜功爲主。這派工夫主要的形式是靜功的煉養。

一談到靜功，人們便會聯想到靜坐、坐禪、打坐等，其實這並不是靜功的眞實意義。靜功主要在一個「靜」字上，靜坐只不過是古人修行的一個方便法門。因爲古時候人們生活材料缺乏，椅櫈之類可供休息用的物品較少，席地而坐也就成了人們休息的一種方式。從事於修煉的人士，亦因陋就簡，以席地盤坐作爲自己修行、休息的方式。今人多不明就裏，認爲只有盤坐纔能修到眞工夫，不盤膝大坐就不可能成就仙學，並在坐上大做花樣。這也是不正確的。

坐，說文解字云：「坐，止也。」清段玉裁說文解字註曰：「止，下基也，引伸爲住、止，引伸爲席地而坐。」由此可知，我們今天所謂的坐，與「坐」字之本義是有區別的。而修煉家的所謂的坐，亦主要是「靜」「止」的意思，並不是單純在「坐」字上作文章。但很多的現代人，往往泥古不化，執著於古人修行的方便法爲金科玉律，反而成爲了古人的傀儡。其實在時代進步，生活材料日益豐富的今天，人類休息用具有多種多樣，並大多是從人體結構合理設計的，修煉者大可不必依然盤膝席地。因爲靜功以靜爲主，不論用什麼姿式，只要能靜下來，工夫就會有進步。反之，如果靜不下來，用什麼姿式亦是無有效果。對於今天的人們來說，古人的盤坐法已不大適用。因爲人在盤坐的情況下，全身緊張，一時無法放鬆，故也不易進入靜的狀態一些人所謂修煉高級工夫必用的雙盤式，亦卽五心朝天式，這種弊端亦最大。

現代醫學認爲，人體是一個極爲複雜而高度有序化的物質運動結構，而維繫這個結構的，則是大腦與中樞神經。腦與神經具有高度的協調和適應功能但也有他的局限性。腦和中樞神經的功能一旦失調，人體將會失去平衡，疾病、衰老、死亡等現象就會隨之而來。靜功的修煉，則能有效地保持和發揮大腦和神經中樞的作用。因爲人在靜坐的過程中，念頭比較清靜，頭腦中的思慮也逐漸的減少，因而血液的運行也相應的緩慢，心臟的負擔則隨之減輕。同時，因爲身體安靜、舒適，没有運動消耗體能，身體内部相對平衡，氣血的運行便會因靜功工夫的日益進步，而逐漸回復到嬰兒初生時健康自然的運行方式循環運行，人體會產生舒適的感覺。並且，體内的抗毒體及身體耗損的修復系統，也因爲没有了人們日常生活中因思慮等緊張狀態緊張狀態有時也產生有益的作用的抑制，便可以更大程度地發揮其作用，排除人體内的毒素，修復耗損。故身體健康，益壽延年，亦成爲必然。

現代科學實踐證明，靜功的修習，不僅對一般的精神緊張、焦慮等有顯著療效，而且也適用於各種身心疾病。據有關資料表明，人在靜功放鬆的狀態下，可出現血壓下降、呼吸頻率及心率減慢、全身肌肉張力下降，並有四肢温暖、頭腦清醒、心情輕鬆愉快和全身舒適的感覺。有研究資料表明，一個人在深度的鬆靜狀態下，大腦皮質的喚醒水平下降，交感神經系統及其有關的功能活動升高，此時機體耗能減少，對蛋白質的消化吸收能力增强，血氧飽含度增加，血白蛋白含量及其携帶氧的能力提高，指端血管容積增大，皮膚溫度升高，肌電水平下降，皮膚電阻增大，血及尿中兒茶酚胺降低，血糖下降。這些現象足以說明，靜功進入靜態以後，可以通過身體內部的調節，影響機體各系統的功能，進而起到防治疾病、健康身體的作用。並且，長期從事於靜功的人，還可以陶冶情操，提高個人涵養，也有利人體健康。國外也有學者曾對修習靜功的人做過對照實驗，證明練功者比不練功者，其神經緊張程度明顯減輕，反應速度明顯加快，智力顯著提高，學習速度、記憶力、語言表達能力、靈活性、創造性等都顯著地改善。由此可見，靜功的修煉，對身體的康健是非常有益的。

人們在日常生活中，所缺少的就是一個「靜」，晝夜二十四小時，肢體雖有休息的時候，但思想很少能够安靜。非但醒的時候腦筋運用不停，就是睡着了也要做夢。夢中所感覺的疲勞程度，不亞於醒時所感覺的疲勞程度，有時更勝於清醒時。如此長年累月，精神的消耗過多，身體的各個器官由於不停的運轉，必然會逐漸衰弱，從而引發疾患。有些疾病，經過確診，可以對症下藥。但由於器官衰弱嚴重而引起的病患，單靠藥物恐難奏效，必須要讓他處於一種完全休息、絕對安靜的狀態下，利用機體自身的自我修復功能，逐漸修復損耗，補充虛弱藥物的輔助也必不可少。因爲人類身體上原有的天然抗病能力，因某些器官遇到障礙，致使抗病力量發揮不出來。靜功的方法，恰爲此而設，它就是幫助機體消除障礙，恢復本能，把原有的力量發揮出來，與身體所患之疾病鬥爭，以至於身體康復。

這些只是仙學學術中天元清靜工夫靜功的初步效果，至於隨着清靜修煉時間的日益積累，工夫不斷地進步而產生的其他神奇效應，現在的科學手段恐尚無法完全解釋，我們也正探索當中。但僅從這些內容看來，就足以證明仙學天元清靜工夫對養生、祛病、延長壽命的作用。

天元丹法還有一種說法，稱作天元神丹服食，這種方法是在地元黃白術的基礎上，更進一步精細加工，制成丹藥，供人服食，以期白日飛昇、卽身成就。此種丹法，歷來衆說紛紜，且流弊甚多，若服之不當，未受其利，先受其弊，故在今日已極不適用。

天元清靜工夫，易於實行，流弊絕少，在今日依然有着其積極的意義，故有必要打破口訣不外傳陋習，將其公諸於世。一個人若每天能在休息當中做做靜功，對自己的身心是頗爲有益的。每天能眞正地靜五分鐘，就可以達到養生的效果。

地元丹法

地元丹法，又稱地元神丹、外丹爐火、地元黃白，它是天元神丹服食之進階，一般分爲黃白點金術與煉製丹藥術兩種。

黃白點金術，卽普通所謂的點石成金之法，它是古代修煉者資以補充道資或濟世活人的一種手段。這種丹法，是將鉛、汞、硫磺等物質，經過一二年的爐火煅煉，九轉功成，提煉出一種能將鐵、銅之類廉價金屬，點化成爲價值較高的眞金眞銀的物質。這種物質，只能用作點化賤金，而不能用作服食。將這種提煉出來的物質，再做更進一步的煅煉，煉滿九年或十二年，這種用作點化的物質將會被提煉成另一種既可使普通金屬變爲黃金，又可令人服食成仙的物質。後提煉成者，即所謂的天元神丹。這種丹法手續極其麻煩，從古至今，很少有人能眞正地實行此道，成功者更是少之又少。

陳攖寧先生爲了證明此種丹法的存在與否，在二十世紀初，曾與黃邃之、鄭鼎丞、謝季雲、高堯夫及吳彝珠，歷十年工夫實踐此道，然終因戰禍而中途作輟。雖未獲最後成功，但已能將紅銅煉成白銀，這也是對外丹黃白術的一個肯定。經過十年來千百次的試驗，陳攖寧先生總結出了兩個經驗：一是紅銅確能變爲白銀，但不免虧本。因爲在古人生活水平低廉和原材料價格相對便宜的情況下，用這種方法燒煉金銀自然不成問題，但現在燒煉外丹的材料價格較高，若還用這種方法，則不會合算。因此，黃白術在今日已不適用。二是通過十年的實踐證明，古人所遺留下來的各種外丹口訣，確有可憑，決非欺罔。這也肯定了地元丹法的存在。

有些科學界人士認爲，地元黃白術與現代科學中的化學及冶金有關，而其更進一步的天元神丹中，含有有毒物質，於人有害。這類的文章屢見不鮮，且已爲今天大多數人所接受。但我們認爲，如果單純地用化學及冶金學方面的知識來解釋外丹爐火工夫，似乎有失全面。雖然不少科學界人士用化學分析及冶金方面的知識，對此種丹法進行過深入的研究，歐洲的科學界也曾流行過煉金之術，但由於各種因素，結果以失敗告終，於是便出現了現代科學界對此種丹法提出的種種批評。我們認爲這種結論是不全面的。

凡是對丹道有所研究的人都知道，丹道學術的關鍵，在於師傳口訣。既便如清靜工夫般能與外人道者，其口訣在古代亦是秘而不宣。而地元、人元之丹訣，則歷來口口相授、一脈相承，均是師指徒受，外人鮮有窺其門徑者，更遑論窺得堂奧這是地元、人元二種丹法愈傳隱的主要原因。試觀各種丹經道典，雖可謂汗牛充棟，然能明顯將丹訣行之於文者，實屬絕無。雖各種丹道經典中皆隱有丹訣，却均是隱語譬喻，未經師指，難明其義。故若僅依經據典而不獲師傳口訣去研究丹道學術，恐難達目的。而要獲得丹道的口訣，特別是地元丹法與人元丹法的口訣，其條件之苛刻，也非一般人所能接受。

晉代葛洪曾在其著抱朴子黃白中記載了漢黃門郎程偉爲學黃白術，將深知此術的妻子逼迫致瘋狂而死的故事：「漢黃門郎程偉，好黃白術。娶妻得知方家女。偉常從駕出而無時衣，甚憂。妻曰：『請致兩端縑。』縑卽無故而至前。偉按枕中鴻寶，作金不成。

妻乃往視偉。偉方扇炭燒筩，筩中有水銀。妻曰：『吾欲試相視一事。』乃出其囊中藥，少少投之。食頃發之，已成銀。偉大驚曰：『道近在汝處，而不早告我，何也？』妻曰：『得之須有命者。』於是偉日夜說誘之，賣田宅以供養美食衣服，由不肯告偉。偉乃與伴謀笞撾伏之。妻輒知之，告偉言：『道必當傳其人，得其人，道路相遇輒教之。如非其人，口是心非者，雖寸斷支解，而道猶不出也。』偉逼之不止，妻乃發狂，裸而走，以泥自塗，遂卒。」從這則故事，我們可以看到：一者，點金之術，雖有其事，但非人人能得。二者，書中雖有記載，若無師傳，亦不能成功，故程偉依典燒煉，在其妻未投藥點化之前，不能出銀。三者，能承受此道者，縱使互不相識，陌路相遇，也可傾囊相授。反之，即使親如夫妻，亦不能得傳。故程偉雖屢相誘之，軟硬皆施，終因其非載道之器，亦未能從其妻口中得到黃白點金之眞訣。四者，若不遇能承受此道之人，縱身受刀兵，寸斷支解，也不能將眞道秘訣輕傳於人。故程偉之妻寧被逼而死，亦未將黃白術之眞訣傳於其夫。至於其中的道理，陳攖寧先生在口訣鈎玄錄中談地元丹訣不肯輕傳的理由時曾云：「地元丹法，黃白點金術，自古至今，皆守秘密，不肯公開。但每一個朝代，總有幾人承受此法。從前的生活程度，比較現在很低。他們修道的人，本不想發財，只要一個月煉出幾兩銀子，就可以過生活。不是隱於山林，就是混於城市。彼既無求於人，人亦不能識他。像這一類的口訣，也是不易得聞。設若公開宣佈，大家都會煉，銀子生產過剩，必要擾亂全國金融。又恐匪人得之，藉此作威作福，所以不肯輕傳。」又攖寧先生所藏之金丹三十論傳賢不傳子第三十云：「官天下，家天下，聖人非有成心也，亦視乎其賢焉耳。大道非天下比，而擇人則無異。張紫陽未成道時，急求外護，而取友不端，三遭譴責。內事且然，況於外事乎？人情之喜外也，更甚於內。其未得而求傳，莫不指天日、出肺肝，誓守玄律，不背師訓；一授訣，而權卽操之於彼矣，或矜名、或炫能、或尚意氣、或溺親愛、或施濟而動猜疑、或放恣而於罪戾。究所從來，玉石俱焚。嗚呼！可不懼哉！古仙成功以後，每不肯洩，以無所求於世也。惟彼歷盡艱辛，幸得眞訣，有法無財，難以獨造者，則安危禍福之關在乎此矣。子啼饑而妻號寒，情不忍恝視也；去日多而來日少，勢不能久待也。急欲一試其技，而擇侶不得其人，安未幾而危繼至，受福小而得禍烈。雖泣血痛悔，夫何及乎？古仙云：『享道更難於成道，擇弟更難於尋師。』信哉！天下之親，莫父子若，苟不至德，不世其家。有道之士，亦可深長思矣。」攖寧先生按云：「何人爲賢，何人非賢，若不經過長時期之審察，決難斷定，甚至有終身相交，結果仍自悔無知人之明者，此論所云擇弟更難於尋師確是實情。若問如何資格方爲載道之器，頗不易言。倘能得英雄氣魄與菩薩心腸兼而有之者，最合資格；不得已而思其次，亦要當得起『君子人』三個字的名稱，否則恐於仙道無緣矣。或問：『果如此者，豈不違背普渡之意？』答曰：『仙學與宗教不同，只能接引上智，若彼老氏三寶、孔門八德、佛教五戒、耶教十誡等，方能普渡耳。』」

這是從口訣方面而言，而在實地操作中，尚須具備法、侶、財、地等諸條件，缺一則成功無望。抱朴子金丹中云：「余即葛洪受之即金液大丹修煉之術已二十餘年矣。資無擔石，無以爲之，但有長嘆耳。」此就財而言。法，即上述外丹爐火燒煉之口訣。侶，則是因爲此道繁複異常，非一人能爲，尚須知音道侶結伴共煉。地，則是須尋一有利於實行燒煉之所。這些當然是得訣以後方能言及，若未得訣而言此，未免有隔靴搔癢之嫌。另須術者具備天文、地理等方面的知識，否則對燒煉也有很大的影響。現代的科學研究外丹術者，對財的問題，困難恐不會太大，其他如法、侶、地以及個人所必備天文、地理知識方面，則很難完全集於一身，故對外丹燒煉的研究未必是完全的。

我們認爲，現在對外丹術即地元黃白術及由黃白術更進一步之天元神丹服食術的研究尚不徹底。雖然外丹術在歷史使不少人中毒喪命，但經過我們的研究，其中尚另有隱情。一者與服丹者的修煉程度有關，二者與服丹者不善運用外丹有關。至於更進一步的研究，我們正在進行之中。

以上所談的是地元黃白術。地元丹法的另一個方面，即煉製丹藥術。這種方法，與中醫中藥有着密切的聯繫。它是利用各種密法，燒煉丹藥，用來服食，以點化自身陰質，使之化爲陽氣，而卽身成仙。且不論此種丹法最終是否能成就仙，但其祛病健身，防老抗衰方面的作用，却是可以用現代的科學手段證實的。而且現代的中醫臨床中，尚存在有由煉製丹藥術而流傳下來的藥方。

人元丹法

人元丹法亦有幾種說法，最常見的有兩種，卽人元清靜獨修法及南宗性命雙修法。清靜獨修，卽現在所謂的天元清靜丹法。南宗性命工夫，歷來直指單傳，一脈相承，較地元傳承更爲嚴格，故能窺其全豹也不多。我們所說的人元丹法，卽指南宗性命雙修工夫而言。

由於人元丹法的傳授比較隱秘，歷來就有不少人關注這種丹法，也有不少人由於不得傳授，從而將人元丹法與房中術混爲一談，歷史上還有借人元丹法之名而行邪淫之術的旁門左道。當今，更有不少人大談人元丹法，而且還有不少爲學界人士。這些談人元丹法的朋友，大多將人元丹法跟古代的房中術聯繫在一起；也有不少學者認爲，房中術就是所謂的人元丹法；更有一些學者，將明代一種利用童男童女用器具向人身體某些部位吹氣的方法列爲人元丹法之正宗，使人元丹法變得烏烟瘴氣。這些都是對人元丹法的曲解。這些人元丹法的談論者，大都認爲修煉要借助於他人之力，或者採用房中術的說法，大力宣揚鼎器的作用，甚至詳細研究鼎器的類別、功用等，把人元丹法引向邪淫的一方面。

克實而論，古傳的人元丹法與房中術是有一些聯繫，但決非房中術。這個我們在很多文章中都已談及。至於人元丹法爲什麼現在不適合研究，大約有以下幾個方面的問題：一是所有的內丹修養法，都以自身的修養爲第一要義，先要把自己的身體修養好，但現在有些人一聽到人元丹法有捷效，便妄圖求助於人，故誇談鼎器，奢言採補，以致邪術流行；二是人元丹法是一門專門學問，自古以來相傳甚秘，自然有其必然的原因，這就像煉武術一樣，本來武術是用來防身抗暴的，如果所傳非人，則適得其反，甚則戕生害命，所以這種方法不能廣傳；三是人元丹法中的一些方法已不適合於當前的社會情狀。

須要說明的事，房中術本來不是什麼不好的東西，只是上乘的房中術已不爲今人重視，而一些人看到悟眞篇中有「採」「戰」「鬥」等字，便將人元丹法猜測爲房中下乘之採補術，甚則以一些旁門左道的東西來冒充人元丹法，其離房中上乘之法相去甚遠，與人元丹法更是背道而馳。

三元丹法是仙學的前輩們長期實踐的結晶，其中一些方法雖然在今日已歸於無用，但還有一些內容與當今的科學甚爲合拍。所以以科學的思路研究仙學，是這門傳統學術得以長久益世的惟一出路。

中醫針藥在養生中的科學意義

中醫針藥，是數千年來，中華民族長期同疾病作鬥爭而積累下來的寶貴經驗，它與人們的生存、生活、生產息息相關。它不僅僅是一門治療的學問，同時也有着厚重的中華民族傳統文化的沉澱。它融匯了中國傳統的宗教、道德、社會、倫理、習俗等多個方面，是中華民族傳統文化不可或缺的重要組成部分。

自古以來中醫針藥與仙學養生之道就有着密不可分的聯繫。前人嘗有「醫道同源」「醫道通仙道」「未學道先學醫」等諸多說法。且修仙者精於醫者，多不勝數；醫學大家習仙者，亦比比皆是。晉代的葛洪，南朝的陶弘景，唐代的孫思邈，宋朝的馬丹陽、石杏林，皆是集仙、醫於一身之大家。

早在遠古，華夏始祖軒轅黃帝，就深知醫學與養生之關係緊密，故常與臣子們研討醫術與養生方面的內容。他們所談的內容，經後人整理，成爲中國最早的一部醫學文獻：黃帝內經。此書不僅詳盡描述了醫學方面的內容，並且也對養生延齡提出許多指導性的觀點，故被醫家與仙家奉爲聖典。我們今天的中醫針藥學，無一不脱胎於此。其中有些理論，在今天依然指導着中國傳統醫學的發展。

我們今日要學仙，對中醫針藥的研究，也是必不可少的。所以我們想從以下三個方面，結合今天的科學研究，分别簡單地談談中醫針藥在仙學養生中的科學意義。

中醫

嚴格地說，中醫是依中華民族傳統的道家思想而形成的一種集哲學與醫療爲一身的學術。它是以道家天人合一、陰陽五行等學說爲依據，來研究人體的生理、病理以及疾病的診斷與治療。它以整體觀爲主導思想，以臟腑的生理和病理爲基礎，以唯物辯證觀論治，以治未病、治命爲診療特點，形成了獨具特色地唯物辯證防、診、治醫學體系。

中醫學認爲，天地人是相應的，人類不僅能主動地適應自然，更能積極地改造自然，和自然做鬥爭，從而提高生命的質量與健康的水平，減少疾病，延長壽命。古云：「人勝於天。」道家亦云：「我命由我不由天。」即是此意。故而中醫不但從自然界中去尋找致病損壽的根源，更從機體内部尋找致病損壽的根源，以説明生命、疾病和健康的内在聯繫。它認爲，病邪侵犯人體，首先破壞人體陰陽的協調與平衡，使陰陽失調而發病。其間雖有發陰發陽之不同，但發病的關鍵，還在於人體正氣的强弱。故中醫學在對治疾病時，首先從培本固元入手，待根本穩固後，疾患自然不治而癒。並且，中醫也提倡，人在健康狀態下，也需時常用各種方法防止疾病的發生，防患於未然，即在疾病產生之前，就應重視形體與精神的調養，以提高自身抗病能力，防止疾病的產生。沒有了疾病的困擾，壽命也將自然的延長。因為人體在進化過程中獲得了防禦、適應等功能，平時雖有病菌入侵，但不一定馬上會生病；一旦防禦、適應等功能低下、衰退，人生病以後雖大多可治癒或自癒，但病變本身給機體帶來的損害，往往不易完全康復，人力物力也會遭受損失。故難經云：「上工治未病。」黃帝內經云：「是故聖人不治已病治未病，不治已亂治未亂」「夫病已成而後藥之，亂已成而後治之，譬猶渴而穿井，鬥而鑄錐，不亦晚乎？」遂又云：「恬淡虛無，真氣從之；精神內守，病安從來？」道出防患於未然的養生延命之要訣。

針灸

針灸是以中醫理論為指導，具有適應證廣泛，療效明顯，操作方便等特點的醫療方法。從古到今一直頗受人們的歡迎。

明楊繼洲曾在其著針灸大成標幽賦中言：「拯救之法，妙用者針。」楊氏自註云：「劫病之功，莫捷於針灸。故素問諸書，為之首載；緩、和、扁、華，俱以此稱神醫。蓋一針中穴，病者應手而起，誠醫家之所先也。經云：『拘於鬼神者，不可與言至德；惡於砭石者，不可與言至巧。』又語云：『一針，二灸，三服藥。』可知古人對針灸之道，推崇倍至。

現代的醫學科學研究認爲，針灸不僅能治療疾病，而且還能增强人體的體質，預防疾病的產生。科學實驗證明，針灸有調正物質代謝障礙，恢復機體機能紊亂，提高人體免疫功能，防禦外來致病因素侵擾的作用。並且還可平衡人體血液中各種有形成份、化學成份、血液酶係和各種電解質的作用。這對人體的生理平衡，機體的防禦疾病、抵抗疾病，都具有重要的意義。同時，對機體的健康，壽命的延長也功不可沒。醫家嘗言：「若要安，三里常不乾。」又俗云：「針灸足三里，勝吃老母鷄。」皆是對針灸之道而言。由此可知針灸對人體養生保健之作用。

中藥

自古以來，中藥就與仙學有着密切地聯繫，特別在抗老防衰、袪除疾患、養生延齡等方面，二者有着異曲同工之妙。故而醫仙不分，藥養互補，也成爲大醫學家、大仙學家所認同的事實。

衰老，是人類一個客觀存在的生理現象，仙家不囿於此種自然規律，便用自己的聰明智慧及前人修養經驗，研究出種種方法，以圖延長人類的壽命，推延衰老的進程，進而達到長生不老，並期證白日飛昇的住世仙學最高境界。而歷代醫家，也無時不刻地從中藥方面尋求長生延齡的途徑，向人類壽命的極限進行挑戰。醫仙兩家所用方法雖有不同，而其研究的目的則有着關聯。是故歷史上的醫家，每每於兩者之間尋求其共同之點，相互補益，相互促進，對人類生命的自然規律，進行改造調整。這就出現了歷代醫學大家多涉仙道，而仙家修士亦通曉醫術的現象。

現代的科學界，在研究人體生命科學的時候，也較關注中藥的研究，曾經就有人專門組織研究人員，對中藥抗衰防老進行過藥理等方面的研究。從諸多的科學實驗中證明，中藥中有大量藥物，或藥物中的相關成份，對抗老防衰、養生延齡，都有着極其重要的作用。

根據研究，在補益類中藥中，其主要成份以多糖爲主，而中藥多糖就具有很好的延緩衰老成份。科學研究認爲，中藥多糖對人體的特異性免疫系統和非特異性免疫系統，均有一定程度的影響，並且還有抗氧化的作用。人體衰老及其某些生理病理過程與體內脂質過氧化反應關係密切。隨着年齡增長，人體內抗氧化酶等活性下降，自由基積累過多，與生物膜中不飽和脂肪酸形成過氧化脂質，進而引起細胞膜損傷，導致疾病和衰老。而在研究中，科學家們發現，中藥多糖都具有提高抗氧化、氧活性，清除自由基的作用。

又如單味藥中的人參，古醫書中多言「久服輕身」或「久服而仙」。在現代的科學研究中得知，人參對人體中樞神經系統的生理功能具有調節作用，對高級神經系統的興奮過程和抑制過程有加强的作用。還能增强應激適應能力，改善消化系統的吸收、代謝功能，促進血清蛋白合成，刺激造血器官，促進造血功能，增强人體的免疫功能，增强機體臟腑功能，提高抗病能力，從而防止疾病的侵襲，延緩衰老。

中藥複方中也有不少用作養生延齡者，並且古代仙家所研究的方藥中，至今仍有延用者。這些在醫書中多有，此不贅述。

内家拳法在養生中的科學意義

内家拳法，是以老莊哲學和道家内丹學說爲理論基礎的，融養生、技擊爲一體的拳學。它講究以柔克剛，以靜制動，用意不用力；從慢中練快，從軟中練硬；注重鍛練腰腎以修命，培養動靜以修性，合性命雙修而歸一。由是觀之，修道學拳，實同一事。修道用於長生，拳法用以技擊，互爲表裏，相互爲用而不可分。故民間有「武道同源」「拳道合一」等說法。

傳統上認爲，内家拳法包括太極、形意、八卦三個流派。以後的内家拳法，雖名目紛繁，然皆不出此三個體系。而此三者，又不離太極、陰陽、五行、八卦。歸根結底，不離於道。仙家修煉，每以守中爲要務，偏陰偏陽，皆不合道體。故歷代大家皆謂，修仙學道，不可一味死靜，或一味死動，要動靜適宜。這就離不開內家拳法的修煉。古代修煉者，在得訣後，外緣俱足，即入山靜修。既要避免動靜偏執之弊，亦防外來如野獸、匪類之侵擾，故內家拳法之修煉必不可少。

修煉內家拳法，可以調和全身氣血，使身體得以强壯，身體强壯了，雜念自然就會少，修道自然容易。修道、習拳二者兼行，是修仙學道之妙方。古近之內家高手，勤於拳而疏於道者，多不獲高壽；既習拳又精道者，皆享高壽。故研究修習仙學，內家拳法必不可少。

有人通過現代的科學方法，以太極拳修煉爲例，進行過一番觀察。結果得出，太極拳的修煉，對人體的各大系統，均產生有益的因素。

譬如對免疫系統，研究表明，太極拳運動對於增强和保持免疫功能具有良好的作用。現代科學認爲，人體免疫系統可跟蹤並消滅侵入人體的各種有害因子，監視並處理由正常細胞蛻變的癌前細胞。太極拳的修煉，可促進血液循環，增加中性粒細胞及淋巴細胞數量，同時可激發各抗體活力，使免疫力增强。近年來的醫學科學研究證明，良好的心理狀態，可直接影響中樞神經系統，使機體發生生化變化，激活免疫細胞的活力。太極拳是一種具有心理營養劑作用的運動，它能有效地消除煩惱、緊張、沮喪、不安等消極心理，減輕精神壓力，使人心情舒暢，精神煥發，從而可使機體能有效地獲得和保持更高的免疫能力。

又如對心血管系統。研究表明，太極拳可提高機體有氧代謝能力，增强心血管系統的輸氧能力和機體利用氧的能力；可使機體各器官組織系統得到充足氧和養料的供給，加强微血管的自律運動，改善微循環，從而有益於防止和消除血流量減少、血液黏稠等使機體易於衰老的各種因素。並且，太極拳運動還可增高血液中高密度脂蛋白高密度脂蛋白具有消除動脈壁和周圍組織中膽固醇的作用，還可干擾和抵制低密度脂蛋白携帶膽固醇在動脈壁上的沉積和浸潤，故高密度脂蛋白被稱作動脈血管的清道夫、心臟的保護神和減少低密度脂白水平。還有研究證明，太極拳鍛煉有使血清甘油三酯和血清膽固醇水平下降，提高血栓溶解酶活力，減少血栓形成的可能性，促進心臟冠狀動脈側支循環的建立，以預防由心肌供血不足而引起的心肌梗死、腦血栓或腦出血等心血管疾病。

太極拳的修煉，還有益於防治某些呼吸系統的疾病；促進消化，提高消化吸收的功能；提高身體素質，使肌纖維增粗，使肌力增强，使肌肉彈性增加，體型健美，消除體內多餘脂肪等作用。

由此可知，以太極拳爲代表的內家拳法，對養生防老，具有非常積極的意義。當然，內家拳在修煉中，亦有很多以前不公開傳授的口訣。如如何作到用意不用力，如何聽勁，如何運用內勁等，這也須要有人指導，纔能眞正獲得養生、技擊合一的最佳效果。

結語

我們認爲，一個綿延傳承幾千年的東西，總會有其合理的內涵。而作爲道家文化精髓之仙學學術，在今天的研究，則不容樂觀。雖然有一些學者們從學術的角度來關注這門文化，但他們的研究成果，往往離這門學術的大旨相去甚遠。大多數眞正熱愛這門學問，並身體力行地研究這門學問者，只是憑着自己的熱情，進行獨立研究。而研究者又散居全國乃至世界各地，没有固定的場所，没有固定的資金。就連肩負傳統文化命脈的道教，也對道家仙學學術避而不談，敬而遠之，使仙學學術成了道教的教外別傳。這不能不說是一種悲哀。

我們這篇文章，雖是從他人的研究中採擷而來，但對研究仙學學術的科學性，有一定的參考價值。這裏我們要感謝爲這些研究而付辛勞的朋友，更要感謝爲我們提供參考資料的朋友。同時也希望此篇文章能對仙學的研究與傳統文化的推廣與應用，起到一定的作用。如此，我們做此文之目的就算達到了。

另，本篇所論，只以「陳攖寧仙學」爲據，或有不合於其他一些內丹學團體或流派研究的內容，請勿在意。

晚婚與養生

胡海牙　述　鄭春元　整理　蒲團子　刪訂

中醫學很重視預防爲主的方針，强調「治未病」，卽有病早治，無病預防。此健身防病的方法，一般稱之爲「養生」。晚婚是青年人養生的基礎。

根據中醫學經典著作黃帝内經對人體發育的論述，認爲人類三十歲左右氣血充盛，筋骨堅固，肌肉壯滿，全身發育達到高峯，至四十歲左右，開始由盛而衰。一般女子要比男子發育得早一些。所以，過去有「男子三十而娶」的說法。

黃帝内經上古天眞論明確指出：「女子七歲腎氣盛，齒更髮長；二七天癸至，任脈通，太衝脈盛，月事以時下，故有子；三七腎氣平均，故眞牙生而長極；四七筋骨堅，髮長極，身體壯盛；五七陽明脈衰，面始焦，髮始墮……丈夫八歲腎氣實，髮長齒更；二八腎氣盛，天癸至，精氣溢瀉，陰陽和，故能有子；三八腎氣平均，筋骨勁强，故眞牙生而長極；四八筋骨隆盛，肌肉壯滿；五八腎氣衰，髮墮齒槁……」認爲女子大約在「四七」卽二十八歲，男子大約在「四八」卽三十二歲，全身發育纔能達到高峯。這與現代的觀察很相近。這是指我國黃河流域的温帶人體發育概況。熱帶的人發育要早些，寒帶的人發育略晚一些。

我們常見的植物，如花、菜等，在粗壯的秧上採集的成熟種子就是種子要養得老一些爲好，種植後長出的苗壯、花大、果實多。所以，男女在全身發育完全成熟時結婚，除可以不因早婚而影響自身的正常發育外，尚對後代子女的身體健壯及壽命，有着很大的關係。

腎臟是人體上非常重要的器官，中醫學認爲，腎藏元陰和元陽，是人體生命的根源和動力，主持人體生長、發育和生殖功能，所以稱之爲「先天之本」。中醫臟腑學說中的臟器，雖與西醫臟器名稱相同，但在生理、病理的含義上却不完全相同。

元陰又稱腎陰、眞陰，是人體陰液的根本，對各臟腑組織起着濡潤、滋養的作用；元陽又稱腎陽、眞陽，是人體陽氣的根本，對臟腑起着温煦、生化的作用。所以難經六十六難說：「臍下腎間動氣者，人之生命也，十二經之根也。」黃帝內經又說：「腎者，作強之官，伎巧出焉。」即腎氣充盛，則身體强健，所以稱「作强之官」；又能强人腦力，增人智慧，所以說「伎巧出焉」。

生物學家對衰老變化的研究主要有神經學說、內分泌學說、自體中毒說、細胞變性說四種理論。醫學界對腎陰腎陽的研究結果認爲，中醫辨證的腎虛，與神經、內分泌系統的失調有密切的關係。中醫學在臨床治療和保健養生中，也都特別注重「節慾保精」，以維護腎臟功能良好，這有着很深遠的意義。

黃帝內經說過，「女子二七而天癸至」「丈夫二八腎氣盛，天癸至」。「天癸」又稱元陰，人在初生的時候，此氣尚微，必須發育至一定階段，始能充實。也就是說，女子一般在十四歲，男子一般在十六歲，天癸開始充盛，女子始有月經，男子始有精液。這就表明腎氣初步充盛。從此以後，如男女交合，就可以生子。與此很有矛盾的是，從此時開始有了性慾的衝動或者更早一些。此時精力充沛，記憶力也好，若將全部精力貫注在學習和鍛煉上，則定能突飛猛進，並且性慾的衝動也會被衝淡。反之，若精力未能充分正當運用，或再加上外界的不良刺激，使性慾衝動擴大，便可能引發意淫、手淫、遺精等不良現象。倘不能及時糾正，不但影響本身的發育成長和學習，還可能造成多種虛損病，甚至影響以後的夫婦生活和未來子女的體質健康。在我們多年的臨床實踐中，此類患者是屢見不鮮的。我國古代大教育家孔子說：「少之時，戒之在色。」誠可謂言簡意賅。

由腎氣初盛至全身發育成熟的十幾年中，是每個人一生中最關鍵的時刻。除從理論上給予相應的誘導外，還要注意以下幾個方面。

第一，制止慾念。慾念屬於雜念中的一種，制止慾念的方法很多，最好的辦法是有具體的奮斗目標，抓緊學習和鍛煉。刺激性文學作品及圖片，均要避免接觸。若在白日產生慾念，可以做慢步跑、打打拳、跳一跳等運動； 如在夜晚產生慾念，可立卽起床，用冷水洗面或看看書，條件許可的話，跑步、打拳也可以體質很弱者勿用。 總之，能使精神轉且慾念消除卽可。 倘若這種方法無效，還可採用「提頂吊襠法」持續鍛煉，便能立卽生效。

提頂吊襠法　兩足自然分開，與兩肩平寬。 足跟離地抬起，足掌着力。 兩膝微屈。 腰背豎直，要「含胸拔背」。 雙手心向下，手指自然下垂。 雙手要有如提重物之感。 同時精神貫聚頭頂，有如全身向上提之意。 會陰部卽肛門與生殖器之間的部位縮緊。 隨着吊襠之意，全身自然放鬆。 呼吸自然，不能憋氣，有如整體懸掛在空中隨風飄動之感。 站立時間因人而異。 如感酸痛時可暫停，略微活動後再站。 站的時間稍長此更好。 體弱者不必勉强。 此法煉久，能攝納腎氣，補腎健腦，可治療遺精、早洩、陽痿、神經衰弱等病，但高血壓患者宜愼用。

第二，防止遺精。 成年男子，未婚或已婚而較久獨居者，偶有遺精，次日並無不適或其他症狀，則非病態。 若三五日一遺，或白日精自滑出，並伴有頭昏、精神萎靡、心跳氣短、腰酸腿軟、消瘦自汗、不能熟睡、記憶力減退等症狀時不一定完全出現，則必須及時治療。

防止遺精的方法有以三點。

日無亂思夜無夢　卽日間在思想上產生雜念，到夜晚而有所夢，以致遺精者，可採用跑步、打拳等運動的方法，杜絕產生雜念的源頭，使夜無所夢，則遺精等病可以不犯。

嚴防外界刺激　烟酒等刺激品，或因閱讀不良的書畫等，均可引起遺精。要防止此種情況，應不嗜烟酒等一類刺激品，不閱讀不良的書畫，禁止用手隨意摸撫生殖器。夜間睡覺不宜用厚被過暖，不仰臥睡覺；　夜臥時，被子宜稍薄以不受涼爲度，採取自然側臥，屈蹺而眠。如此均有利於防止遺精。

積極治療腎虛遺精　凡由於意淫、手淫或早婚而不知節慾等原因，以致腎虛而有夢遺滑精者，或由先天不足、體弱腎虛及驚恐傷腎而遺精者，除應注意避免引發遺精相關事項外，還要及時進行治療。因其他慢性病日久而牽累腎者，亦應及時治療，並要合理地調整飲食起居。

第三，生活有節。生活上有規律性，風、寒、暑、濕等外邪應隨時防避，飲食要適當有節，這些均屬健身益壽的重要因素。據調查，百歲的長壽者，一般是一日三餐，並以清淡食物爲主，多吃蔬菜瓜果，不暴飲暴食，講究定時定量。動物實驗也證實，有計劃地控制飲食的動物，比自由飲食的動物壽命要長。這同樣告訴我們，在保證營養的基礎上，不能過饑過飽。

第四，心情舒暢。一個人的精神因素對健康有很大的影響。中醫學很重視人的精神因素，對喜、怒、憂、思、悲、恐、驚七種不同的情志變化，稱之爲「七情」。在一般情況下，七情是人對外界客觀事物的反映，屬於正常的精神活動。如果由於長期的精神、情緒不好，或突然受到劇烈的精神創傷，這種創傷超過了人體生理活動所能調節的範圍，就會引起體内陰陽、氣血的失調，臟腑功能活動紊亂，從而導致疾病的發生。人的精神因素可以直接影響臟腑功能的活動，臟腑功能的失調也容易導致某種精神刺激。既然精神與臟腑兩者可以互相影響，所以就要不怒、不恐等，七情不過度，常保持「中和」之態中庸「喜、怒、哀、樂之未發，謂之中；發而皆中節，謂之和」，防止產生不利影響。要發揮人的主觀能動性，經常保持心情舒暢、樂觀的健康心態，使其對人體產生有益的影響，從而達到健康長壽的目的。

第五，勞動鍛煉。常言說：「流水不腐，户樞不蠹。」就是告訴人們要經常勞動和體育鍛煉。由於勞動能促進人體的新陳代謝，所以也就起到了防止早衰的作用。但勞動量要符合每個人的情況。另外，勞動雖也是活動，但不能完全代替體育鍛煉。體育煅煉的方式方法很多，要選擇適合於自己年齡、體質和喜好的運動。鍛煉的項目要少，但要有恒心地堅持下去。如老幼及體弱多病者，宜於選擇緩慢柔軟、運動量小的運動，如氣功、太極、保健按摩、保健操、慢跑、散步等。因爲每個人的體質及具體條件不同，鍛煉時最好在有經驗的人員的指導下進行。若無人指導時，不要貪求猛進，應順生理之自然，循序漸進即可。煉氣功可以袪病、健身、長壽，作用很多，效果很大。但氣功派別很多，要選擇適合自己的功法來學習。總的原則是動靜結合。還要注意鬆、靜，要有人指導，以免發生偏差。

此外，陽光和新鮮空氣對人體也非常重要。大約冬季需要陽光宜强，夏季宜弱。運動時要注意選擇適當的鍛煉場地和時間，如能在水邊、樹下、廣場等空氣新鮮區域進行活動更好。

無論是進行氣功或打拳等鍛煉，都要精神清靜，全身放鬆，但要鬆而不懈，呼吸自然，不憋氣。

根據以上所述，如能適當注意養生，健康長壽不成問題。根據生物壽命現象的觀察可以看到，哺乳動物的自然壽命，大約相當於它生長期的五倍至七倍。照這樣推算，人的自然壽命應該爲一百至一百五十歲。黄帝内經上古天眞論中也記載：「上古之人，春秋皆度百歲，而動作不衰。」

總之，在現在優越的生活條件下，青少年除了掌握健康成長的知識，還應該立志於事業，利用大好的光陰，抓緊學習，同時嚴防有害健康的各個方面因素，積極地培養正確興趣，積極地鍛煉，打好健康的基礎，爲以後取得優異成績，達到理想之目的而努力。待到適當年紀結婚以後，夫婦雙方仍應繼續注意養生之道，以保持身體健壯、智力聰敏、精力充沛。若身體已經虛損者，更要多方面注意，以「人一能之，己百之」的精神加倍努力，也一定能轉弱爲强，至老精神矍鑠、健康長壽，能更好地爲社會做貢獻。

仙學與氣功養生

胡海牙

仙學是我國古代探索如何延年益壽，乃至能否長生不老的一門學問。在漢書藝文志中，與醫經、經方、房中並列，被劃爲醫學範疇。

現在社會上流行的各種各樣的氣功，無非都是些吐納、導引、存想之術，與古代仙家的金丹大道相比，只能算是小技。金丹大道的修煉「小則延年益壽，大則白日飛昇」。

仙學家所說的白日飛昇，是指修煉到高層次時，可以出陽神。陽神不同於陰神，清修功夫至多可以出陰神。出陽神之後，則可以顯示出超過常人的能力，其能力之强，不是出陰神和魔術可比。中國古代把具有這種能力的人稱爲「仙人」。可見，中國古代「仙人」並不屬於神的世界，而是人類本身自强的結果。

仙家修煉的四大原則是「務實不務虛」「論事不論理」「貴逆不貴順」「重訣不重文」。仙學家修煉，從入手功夫到延年益壽，以至出陽神的高級功夫，步步都是有景有驗，眞實不虛的。而且仙家的功夫從始至終都有嚴格的次第，不可躐等而求。每一步都有自己明確的修持法度，而不是空泛的理論和說教。

人分男女，男女媾合而生人，這是自然之理順。而仙學的玄妙之處就在於逆生人之道，而修成有超常智能的人，此逆修之道，歷來最爲秘密，不落於文字，非遇明師傳授眞訣，則終難修成。卽悟眞篇所謂：「饒君聰慧過顏閔，不遇眞師莫强猜。只爲丹經無口訣，教君何處結靈胎。」

仙學著作中以參同契和悟眞篇爲最好，但是沒有眞師傳授口訣就難以讀懂。特別是參同契，仙家多用鉛汞、龍虎、坎離等喻來顯道，而世人大多又被喻所迷惑。只有明師傳訣之後，纔可能了却其中眞意。近來有些讀者以清修派的觀點註解參同契和悟眞篇，這是有違原意的。參同契和悟眞篇的眞旨是道家南派的陰陽功夫，這是眞正的內丹功，只有近代陳攖寧先生明確談過此事，其他知道的人是不多的。

關於道家南派功夫，限於當代人們對它的認識水平和接受能力，還不能够和盤托出，否則會事與願違，起不到好的作用。對用於個人修持來講，必須具備法、財、侶、地四大條件，纔能眞正下手修行，而在當今中國很少有人具備這些條件。因此，目前還是要以傳授以養生爲目的的功夫爲主，這是比較符合時代要求的。

仙學中的養生功夫以心息相依爲要旨，以收心入靜爲首務。初入靜者，不論坐臥都要全身自然放鬆，凝神入氣穴，將神氣似有似無地伏於臍，運而調息。有兩種方法可用。

一是眞人之息以踵。輕柔緩慢地吸氣，使氣漸漸擴展到四肢，然後隨意呼氣，並使氣發散於全身皮毛。神氣亦隨呼吸不斷地起伏，綿綿若存，勿忘勿助。依此法修持，可以漸漸達到心息相依，進而入於恍惚窈冥之境，心中寂然如虛空。

二是莊子心齋法聽息法。首先將念頭歸於一處，然後「聽」自己的呼吸，但不是用耳聽，而是用心聽，進而也不是用心聽，而是用氣聽。到了這個境界，耳聽的作用早已停止了，心也漸漸不起作用了，而是神心及氣息合而爲一心息相依，入於無我之境。

能够以上述兩法中的任何一個方法修持，就可以將各種疾病逐步祛除，而且隨着功夫的加深，能够使自己的身心在不知不覺不是有意識追求出來的之中返還於先天本來面目，豁然開悟。此境界就是老子所謂「致虛極，守靜篤」的先天境界。在先天境界中所「體會」的自我身心全然不是後天意識所能認識的色身，而是法身，卽本來的眞性命。仙家之貴就在於修法身。

仙學家養生功夫對於不同年齡和不同性別的人，在入手時也有不同的方法。對於年齡較大者，如已喪失生育能力的男無精女絕經，需要用特別的方法先恢復其生育能力，再進行修持。

對於女子，要有斬赤龍功夫，就是聚氣於兩乳，使月經漸漸煉斷。注意：不是年老衰退之後的絕經，而是用積極方法煉斷月經，至此可以駐顏而永葆青春。

對於青年男子，不要過分聚氣於下丹田，否則一交合而走洩，則比通常更甚，反而不利於養生。

仙學養生，除了要依上述方法修持以外，還要在日常生活中注意如下事項： 一是要能够超脱世俗的煩惱，要有積極、樂觀的人生觀。 二是生命在於運動，運動要持之以恒。俗話說： 「飯後百步走，能活九十九； 太極不離手，延年更益壽。」打太極拳是養生的極好方法，可惜太極拳中還有奥妙，現在在世人少知。 三是要注意飲食。 有一法可以作爲養生的輔助方法。 卽每星期選擇一天不進五穀及肉類，只喫水果，以此「清理」腸胃。

古代仙學修煉中的法財侶地

胡海牙　蒲團子

古人嘗云，法財侶地，是仙道正式入室下工所必須具備的四項要素，如有所缺，則無從下手用工。然此四項，範圍甚廣，今略分述於後，供諸同道參考。

法

法者，即仙道的修煉方法，又稱之爲丹法。丹法由於修煉方式的不同，一般分爲內丹與外丹兩個方面。外丹術是丹法最早的存在形式，在唐代以前的修煉者，多以外丹術之修煉爲主，明修外丹，而隱煉內丹。唐宋以降，世人畏外丹術之繁難，遂轉入內丹術之修煉，而外丹術也逐漸不被修煉者所重視，故而從事外丹者日少，到今日徒聞有外丹之名，而鮮有知外丹之的旨者。

後人將內外丹法分爲三個不同的類別，即天元神丹後有人因神丹服食鮮有成功者，遂改稱清靜丹法爲天元丹法或天元大丹、地元靈丹、人元金丹人元金丹原分清靜與陰陽兩途，今則專指陰陽丹法三元丹法。最早的天元神丹和地元靈丹，都是指外丹術。天元神丹，人得而服之立躋仙階，甚至曰「鷄犬服之，立能飛昇」，這種方法從明代張三丰後，已經很難得聞；地元靈丹又分爲黃白點金術與既能點金又能進一步上接於天元神丹者兩種。點金術陳攖寧先生曾在二十世紀做過實驗，後者今日亦或瀕於失傳。人元金丹，卽指内丹術而言，是今日修煉者所共遵從的修煉方法，其也有清靜工夫與陰陽工夫之不同。清靜工夫多指北派的修煉方法，亦卽今所謂的天元大丹；陰陽工夫多指南宗修煉方法，亦卽今日所謂的人元金丹。内丹術由於修煉者地域、方法等不同，衍生出了很多流派。如有以人而分者，有少陽派、鍾呂派、三丰派、希夷派等；有以地而分者，如王重陽之北派、張紫陽之南派、陸潛虛之東派、李涵虛之西派，而各派中又分出不同的流派；有以法而分者，如李道純著中和集倡導「守中」之道被稱後世稱爲中派，閔小艮因南北二宗各有偏執遂調和其間而被稱爲清靜陰陽調和派後人以閔氏於金蓋山修煉，亦稱此派爲金蓋山派，黃元吉承陳摶、邵康節之法脈而提倡不同於南北二宗的修煉法門被稱爲非南非北派。如此種種，方法衆多，流派紛呈，故有「道法三千六百門，人人各執苗一根」之說。此指正統丹法而言。此外，尚有諸般旁門小術、外道僞法，被人們視爲丹法而修習，故亦有「三千六百旁門，七十二種外道」之說。

古云：「天下無二道，聖人無二心。」蓋仙道法門，其本初並無二致，因人類的體質不同，稟賦各異，從古至今，數千年來，由於時代、環境、習俗、禮教、道德、社會、宗教、家庭、信仰、法律、性別、年齡、學問、志趣、傳授之種種不同，同樣一種法門，而在不同的修煉者身上，由於個體的差異，則出現不同的效果。又因爲師者因材施教，量體裁衣，故受傳者便有不同的傳授，而受傳者的資質、智慧、志向，又決定了方法之優劣與成就之高下。當一種方法形成以後，自然就會有其追隨者，而持不同意見者也會隨之而來，既有追隨者與反對者，自然也就有了調和者，從而就形成了不同的流派。對後人而言，流派不同，方法各異。對最初的傳授者來講，法本無二也。故紫陽翁云「學仙須是學天仙，惟有金丹最端」，又云「萬卷仙經語總同，金丹只此是根宗：依他坤位生成體，種向乾家交感宮」，即此之謂也。至於旁門左道，尚不在此例。

總而言之，不論何種方法，總是以見到效驗爲憑據。陳攖寧先生辨楞嚴經十種仙有云「仙道之方法……今生能否一定成功，亦看各人努力與否以爲斷。徒有希望而不實行，或雖實行而不努力，亦屬無濟。譬如我們有一處目的地，相距百里之遥，走得快，一日可到；走得慢，二三日或四五日可到。修仙原不限定一世成功，所怕的就是南轅北轍」，答覆南通楊風子君亦云「譬如要從上海到南京，有四種走法：第一種，兩脚步行；第二種，乘輪船；第三種，乘火車；第四種，乘飛機。時間的快慢，雖有分別，而結果皆可以達到目的地。就是恐怕是把方向認錯，乘輪船的到了寧波，乘火車的到了杭州，乘飛機的到了北平，兩脚步行的又不知去向，永遠不會有到南京的一日」。

以上所言，即是指仙道修煉的方法而言。「法」之一字引申開來，又可理解爲跟仙道有關的各種方法，如丹室的修築法、地方的選擇法、修煉中種種的變通法等廣義的「法」，不僅僅專指丹法。

財

財者，有內財與外財兩種意義：外財指修仙所需用的一切開銷，內財指修仙者自身所具備的資本。

修仙所需用的資金，一般有幾種作用：一者，因爲修仙者正式入室用工，便不能再將精力過多地耗散於社會事務之中，首先要安置好家室，讓家人之衣食有所依靠，方能安心於自身的修養事業；二者，自身在正式修煉時，即不能從事於謀利之事，自己的一切生活費用，要預先準備好，以免對飲食起居縈縈於心；三者，還要準備一定的雲遊訪道之資，因爲住在一個地方時間長了，必生厭煩之心，故需要換個環境，以開闊心胸，並可尋訪道友以驗證所得；四者，尚須準備三五道友之生活費用，以便自己能專心用功，其他事務可由道友等代爲處理。

以上所言，僅是修仙者理想中事，能否如其所願，頗不易言。古云：「未聞道，難者在法；已聞道，難者在財。」故陳攖寧先生云：「理財家當以開源爲第一義，節流爲第二義。能開源又能節流更好；能開源不能節流，亦無妨；不能開源僅能節流，雖可獲益，頗嫌微末；既不能開源，又不能節流，只有坐以待斃。此中消息盈虛，大堪研究。」由此可知，徒有一定數目之資金，雖多，亦有坐喫山空之患；最好是有活的源頭，雖少，然源源不斷，則不足爲慮。更須知節約愼用，儘量避免無謂的浪費。此皆指外財者言。

內財者，指修仙者自身所具備的資本。首先，修仙須有一個健康的身體。仙家首務是健身養生，待身體無有病患，方可言及攝生延生之道。故好的身體是修仙所必備的條件。**蒲團子按**　胡海牙老師將「中醫針藥」與「內家拳法」增入仙學，蓋亦本此而設。陳攖寧先生男女丹工異同辨讀者須知云：「不論男女，若本身無生凡胎之能力者，決不會有結仙胎之希望。生人與成仙，其理原無二致，惟在順逆之分而已。斬赤龍者，乃逆行造化也。倘自己身中無造化之生機，誤認爲月經斷絕卽可成仙，則彼年齡已過五十之婦女，月經將呈自然斷絕之狀態，豈非各各者有仙人之資格乎？若謂年老者又當別論，然現代青年女子亦有請醫生用手術將子宮卵巢割去者，其月經亦自然斷絕，遂能稱爲斬赤龍乎？此中消息，不能不深究也！」陳先生雖專對女子工夫而言，而男女工夫，雖下手工夫有所不同，其理並無二致，是知此所言「生機」者，卽修仙者所必備之内財也。有此一點生機，雖八十尚可還丹，百二十歲猶可還；若無此生機，必用法返還此生機，否則只好有求於他生後世矣。學者當注意及之。

又有以爲，財者乃購置鼎器之資，此說謬妄，乃不知「財」之本義。修仙學道，是大英雄之事業，不僅僅是靠外財可以成就。世有只着眼於外資而疏忽於内財者，鮮有成功之可能。

侶

侶者，卽修煉者正式用工時需要的志同道合之道友。今人談及「侶」之一字，多以爲是指鼎器而言，此說不合「侶」之本義。

修煉者所以需要志同道合之道友者，有幾種理由：一者，修煉者既入室用工，則飲食起居不能事事都由自己動手，故需要一二道友，從事雜役之事，代修煉者打理；二者，修煉者在正式用功中，身體中出現的各種景況以及某些景況應對的方法、實修工夫中遇到的一些不明情況，除了修煉者本身去查閱典籍外，尚需三五道友共同研究，共同探討，方不誤事；三者，孫不二女工内丹次第詩面壁第十二云「萬事皆云畢，凝然坐小龕」，陳攖寧先生註云「普通辦法，卽於山林清靜之處，結茅屋數椽，以備同道棲止。然後用木做一小龕，其中僅容一人座位，墊子宜軟厚，前開一門，餘三面須透空氣而不進風，最好用竹絲編簾遮蔽，如轎上所用者。人坐其中，不計日月，直至陽神出殼，始慶功成。惟晝夜須有人守護，謹防意外危險」，此卽「三人同志謹防危」之謂也，丹經常言「須用同心三個人」「三人一志互相扶」「同志三人互相守」，蓋亦此之謂也。所謂志同道合者，蓋指道友須同心同德，以護道成道爲功德，無有外心，無有歹念而已，否則於用工者將有妨害。今世多有人因「三人」「志同道合」「知音塵侶」等文辭，便一概謂爲陰陽工夫，或竟將之與旁門邪術聯繫，亦不知「侶」字之的義。

又有人見石杏林語薛道光「此事非巨室外護，則易生謗毀，可直往通邑大都，以有力者圖之」之語，便起尋訪有大財外護之念，以爲此道只要有大財力卽可以成功，此亦非是。須知，「有力者」非僅指財力一項而言。

地

地者，卽指修煉的場所而言。

陳攖寧先生仙學必成曰：「選擇適宜於修煉的場所，須要近山林，遠城市，有終年不斷的泉水，有四季長青的樹木。東南方形勢開展，可以多得陽光；西北方峯巒屏立，可以遮蔽冬季寒冷風。地方民俗要純良，購買用品要便利。又要植物茂盛，最好有松柏杉等類樹木，樹木皆要成林，稀疏幾株，無濟於事。東南各省無論農村或山林，多產蜈蚣蛇蟲等物，常常爬到人家床上來，所以房間要乾淨，門窗要嚴密，厨房更要十分留意，防飲食之中有毒氣侵入。屋内陳設務求簡單，若非日用必需品，不宜放在屋内。靜室中，光線要充足，空氣要流通，以防微菌滋生。惟正當做工夫時候，光線不宜過亮，過亮則心神難得安定。室中不宜吹風，有風容易受感冒。」

在仙學必成一書中，陳攖寧先生又根據修煉層次的不同，將仙道修煉所適宜的環境分爲三步：初步工夫，要在生氣旺盛的地方，須得山青水秀，鳥語花香，植物繁多，田園肥沃，農產充足，食用無憂，土氣厚濃，翕收便利，以便借助於外界無限量之生氣以培補自身生氣之不足；二步工夫，要在靈氣凝結的地方，須得洞天福地，泉水清奇，疊嶂回巒，烟雲舒卷，藏風聚氣，門户幽深，松徑茅庵，離塵絕俗，此地修煉神通，易於成就；三步工夫，乃是出陽神以後之事，要在殺氣偏勝的地方，須得千丈高峯，懸崖峭壁，下臨無地，上可接天，草木不生，冰雪滿布，人跡罕至，蛇虎潛蹤。三步工夫的境界不同，所需要的環境也各有不同，未可以一地而竟其全功。

亦有用五行之說來談「地」字者，此並非一般意義上之五行。所謂山中五行，其木者，指樹木而言，山中樹木要多，特別是喬木要多，這樣空氣清新，有利於身體；金者，謂山體要活，能生長，這樣地下之水可以循山脈薰蒸而上，然後再流下來，供人飲用等，陳攖寧先生黃庭經講義云「水性本就下，而泉水能至山頂者，地下水氣循地脈透石而上蒸也，以地中含蓄之熱力使然」卽此之謂也；水者，指四季要有長流之泉水；火者，指早上起來就能看到初昇的太陽；土者，指土地須肥沃，有營養，扔種子就能長出莊稼。水、土主要是爲生存，木、火、金主要是指環境。然此種地方，只宜於做陳攖寧先生所說的初步工夫，至於後面的工夫，似不相宜，尚須另覓。

黃元吉論內法財侶地

法財侶地，黃元吉又將其分爲「內法財侶地」與「外法財侶地」。外法財侶地一般都認爲是修煉方法、維持用功時所有的費用、修道之道侶和修煉之場所，故黃氏只云「外之法財侶地，諸子諒已知之，吾不再贅」。而其所謂「內法財侶地」者，則曰：「修行人知生死之關，明眞假之故，欲窮生身受氣之初那一點虛無之陽，必先向色身中調和坎離水火，迨後天水火旣調，然後坎中一陽自下而上，離中一陰自下而上，上下相會於虛危穴中，烹之煉之，而先天一氣來歸，玄牝之門兆象矣。此坎中一陽、離中一陰卽內財也，日夜神火溫養，不許一絲滲漏，卽積內財也； 能向自家身心尋出一個妙竅，卽內法也； 前言本來人，卽內伴侶也； 虛危一穴，卽內地也。欲煉神丹，四者豈可不備乎？」此說前人多未言及，僅錄於此，以備參考。

結語

法財侶地之說，古時修仙者求之，不甚容易，今人恐更有困難，蓋社會之義務不能不盡。故今之學仙者，當以社會事業爲主，利用工作之餘暇，卽先從事於身體之修養工夫，待條件成熟，再求出世之事業。須知，「塵世卽同深山，一榻便是禪床」**蒲團子按** 胡海牙老師語。惟在室內做修養工夫者，屋內陳設務須簡單，室內光線宜充足，空氣要流通，門窗要嚴密，做靜功者應在窗户上掛淡暗色之窗簾以免光線太亮而妨礙做工夫。如此邊工作邊修養，既積極應世，又康健身體，待條件一旦成熟，法財侶地四項具備無缺，卽正式入室用工，必事半功倍。不必一入手便拘執於法財侶地之營求也。

從還精補腦談起

胡海牙　述　蒲團子　輯

「還精補腦」之說，由來已久，凡好養生之道者亦多知之。然覺今日對「還精補腦」之研究，尚覺有不到之處。今僅呈己見，略談「還精補腦」及其弊端。

「還精補腦」之來源

「還精補腦」一詞，來源於古代的房中養生術。最早形諸典籍者，或爲晉代抱朴子葛洪所著抱朴子一書。抱朴子釋滯云：「房中之法十餘家，或以補救傷損，或以攻治眾病，或以採陰益陽，或以增年延壽，其大要在於還精補腦一事耳。」而抱朴子却未詳言「還精補腦」之法，只云「此法乃眞人口口相傳，本不書也，而復不知此要，亦不得長生也」。但其後文言：「人復不可都絕陰陽，陰陽不交，則坐致壅閼之病。故幽閉怨曠，多病而不壽也；任情肆意，又損年命。惟有節宣之和，可以不損。」從這段話，可以看出，葛氏所謂的「還精補腦」之說，應該代表的是早期房中術的觀點。其言「節宣之和」，並未有後世所謂的「不洩」「還精」之意，只是講節制與宣洩要調節合理而已。蓋節有節制意，宣有宣洩意。且葛氏將房中之術與修仙之事分爲二途，可知其所謂房中者，只爲益生却疾之道，而非長生久視之術。馬王堆出土的房中著作以及黃帝内經等，也將房中用作益生却疾。葛氏抱朴子微旨中尚有「善其術者，則能却走馬以補腦」之說，似指「還精補腦」之法，然亦無具體之方法可見。

至南北朝時期，陶弘景雖未反對前人「節宣」之道，然在其著養性延命錄御女損益中，也開始提出「閉精」的概念。其云：「道以精爲寶，施之則生人，留之則生身」「妄施而廢棄，損不覺多，故疲勞而命墮」。又引彭祖之言：「凡精少則病，精盡則亡，不可不忍，不可不慎。數交而時一洩，精氣隨長，不能使人虛損。若數交則瀉精，精不得長益，則行精盡矣。」陶氏之觀點，雖亦踵前代而來，但與葛洪之「節宣」之道，已略有不同。而其提出的「閉精」之說雖尚未言及「不洩」，則被後世行邪僞之法者認爲是房中術之要。而其所引仙經之論，則談及了「不洩」之法。其云：「男女俱仙之道，深内勿動精，思臍中赤色大如鷄子，乃徐徐出入，精動便退。」這個亦可看作是「還精」之法。其又云：「老子曰：還精補腦，可得不老矣。」然尚未詳言「補腦」。這個時候的房中術，或者亦只在「節宣」上有所發展，雖陶氏已言及「不可不忍，不可不慎」，然亦有「節而勿宣」之意存焉。其不洩之法，亦是爲節精而設。

到唐代時，孫思邈在其著備急千金要方房中補益中，纔對「還精補腦」之法，有了詳細的記述。其著云：「凡欲施洩者，當閉口張目，閉氣握固兩手，左右上下縮鼻取氣，又縮下部及吸腹，小偃背膂，急以左手中兩指抑屏翳穴，長吐氣並啄齒千遍，則精上補腦，使人長生。若精妄出，則損神也。」又引仙經之言曰：「使男女感動，以左手握持，思存丹田，中有赤氣，內黃外白，變爲日月，徘徊丹田中，俱入泥垣」「其丹田在臍下三寸，泥垣者，在頭中對兩目直入內」。至此，所謂的「還精補腦」之法纔有跡可循。然其是否就是前代所說的「還精補腦」之法，則不可知。荷蘭學者高羅佩將孫思邈記述之法稱之爲「回精術」，並言此法不見於以前之房中著作。故孫氏備急千金要方房中補益所言者，或是關於後世流行的「還精補腦」具體方法的最早記載。

宋代時日本的醫生丹波康賴，在其於公元八九二年所編撰的醫心方房內還精第十八章中，引用玉房秘訣中語，云「仙經曰：還精補腦之道，交接精大動欲出者，急以左手中央兩指却抑陰囊後、大孔前，壯事抑之，長吐氣，並啄齒數十過，勿閉氣也，便施其精，精亦不得出，但從玉莖復還，上入腦中也」，又云「若欲御女取益，而精大動者，疾仰頭張目，左右上下視，縮下部，閉氣，精自止」。這比孫思邈所記述者，更爲詳明，可以看到一套完備的「還精補腦」之法。後世如「存、縮、抽、吸、閉、展」所謂「六字延生訣」者，如「存、縮、抽、吸、閉」所謂「五字妙訣」者，以及種種採補之邪術者，大多與此「還精補腦」之術有關。

以上僅是古代房中書籍中關於「還精補腦」之說者。至於借房中之名行「採補」「採戰」「御女」等損人未必利己之術者，尚不在此列。其他污穢之法，如食秋石、吞紅鉛之類更下一等者，更勿論焉。

養生、丹道與還精補腦

「還精補腦」之法，到了明代，又被養生家和丹道所借用。然與房中之所謂「還精補腦」者，又有區別。

明代冷謙的修齡要旨一書中，收錄了十六錠金，又稱爲李眞人長生一十六字訣據有關人士考證，此爲最早收錄十六錠金者。其訣云：「一吸便提，氣氣歸臍；一提便嚥，水火相見。」後赤鳳髓、遵生八箋、脈望、養生秘錄、尹眞人寥陽殿問答編等書中，亦介紹此法，大概以赤鳳髓中所述流傳較廣。赤鳳髓云：「十六錠金，乃至簡至易之妙訣也」「只於二六時中，略得空閒，及行住坐臥，意一到處，便可行之。口中先須嗽及三五次，舌攪上下腭，仍以舌抵上腭，滿口生津，連津嚥下，汩然有聲。隨於鼻中吸清氣一口，以意會及心目寂地，直送至腹臍下一寸三分丹田元海之中，略存一存，謂之一吸。隨用下部輕輕如忍大便狀以意力提起，使歸臍，連及夾脊雙關、腎門，一路提上，直至後頂玉枕關，透入泥丸頂內。其升而上之，亦不覺氣之上出，謂之一呼。一呼一吸，謂之一息。氣既上升，隨有似前汩然有聲嚥下，鼻吸清氣，送至丹田，稍存一存，又自下部如前輕輕提上，與臍相接而上，所謂氣氣歸臍」「如親房事，欲洩未洩之時，亦能以此提呼嚥吸，運而使之歸於元海。」

丹家有運小周天之法者，亦於明代開始流行於世。其法多以靜坐爲主，意守下田，待靜極陽生，外陽翹舉，稱之爲陽生活子時。卽提肛縮外腎，用微意引陽物回縮，自會陰，過尾閭，上夾脊，衝玉枕，入泥丸，經上鵲橋，下十二重樓，入絳宮，歸於下田。周而復始，至陽物歸於平靜。此法稱之爲「採小藥」，或名「煉精化氣」，又叫「玉液河車」，亦有稱之爲「還精補腦」者，等等。近世行此道者甚眾，並有通三關，開九竅之類的名稱。近今亦有謂睡中忽無欲而陽舉，而可用此法平復者。雖丹家稱此係自然之法，無忘無助，然自從這種法門問世以來，大家在潛意識中都有一個周天的概念，故每至陽生，大都有以微意導引者。此法丹家修伍柳一派者尤爲多見，與赤鳳髓所載之法亦有相通之處。

還精補腦之弊

無論房中、養生還是丹道，對還精補腦之法有不同之解釋，但他們的共同點就是，均使精、意或氣從身後延督脈上升至腦。這種方法中的弊端，在過去一直沒有引起太多的人注意。

在過去，常見有人猝然死亡，或忽然暈厥，或肢體癱瘓，或昏迷，或口眼歪斜，或口齒不清。而這種症狀，在修煉的人群中，亦非常多見。在中醫學上，這種情況被稱之爲中風，又叫卒中。現代的醫學則稱爲「腦血管意外」。科學研究認爲，這些現象，是由於急性的腦部血液障礙所引起的腦功能紊亂所造成，一般分腦溢血、腦出血、腦血栓等。由於過去醫學科學的不發達，故而還沒有腦溢血、腦出血和腦血栓等名詞，所以一般認爲是由於肝風內動、虛風內動或外感風邪而致。而在修煉的人群中，則多是由於搬運河車、運行周天所致。

在中醫理論中，有血隨氣行之說。也就是說，氣所到之處，血亦隨之而至。而氣除了在身體中自然運化之外，心意所到之處，氣亦隨之而至。所以有意到氣到、氣至血至之說。

運行小周天工夫者，運氣順督脈而上行，其血亦隨氣而上行；養生術中如赤鳳髓所載十六錠金者，乃是以意行氣，其血則亦隨氣而上行；房中術雖是運精，而精乃物質，不可能違反生理之常而上升於腦，其上升者亦不過氣血而已。黃帝內經云：「血之與氣並走於上則爲大厥。」此處所謂「大厥」，即後世中醫所謂「中風」「卒中」，亦即西醫學所謂「腦充血」之類。黃帝內經繼而云：「氣反則生，氣不反則死。」蓋謂氣上升於腦，而能反而下降者，血亦隨之下行，則人可生；而氣上行而不能下反者，血亦必隨之上行，其腦中血管可至破裂，出血不止，故不可生。凡是運精氣意上升者，若能返還歸於下者，一般不會出現腦部之毛病，然而稍有疏忽，或形成習慣而又不知謹慎者，氣血不能及時下降，故腦部必然充血，使血液循環受阻，而出現今日西醫所謂的「腦血管意外」，亦卽通常所說的腦出血、腦溢血和腦血栓等症。

前幾年，有一位四川的朋友來函言，其常年修習伍柳派工夫，已做到任督二脈相通，小周天自然運行，陽精不洩達三年之久，忽然有一天，陽關不固，濁精從陽關奔逸而出，氣上衝於腦，面紅腦脹，牙齒腫痛，久久不能散去，後慢慢用純粹的靜功方未出別的問題。此先生所行者乃正宗北派丹法，至若世行十六錠金者，以意運氣，難免空運河車之嫌，而行房中之「還精補腦」，則尚是後天濁質，更勿論也。

試觀今世之行小周天工夫之朋友們，晚年多有出現中醫所謂「中風」者。其方法之不善乃是一方面，而氣血衝腦，則爲主要之原因。而行十六錠金之術者，對十六個字的誤解，也是形成氣血衝腦的原因。

十六錠金謂：「一吸便提，氣氣歸臍；一提便嚥，水火相見。」其運用於丹道，蓋謂遇陽生活子時至，外腎翹舉，小藥產生，卽以鼻吸氣，將鼻吸入口之氣與口中津液混合如吞嚥食物狀下嚥，同時陽物回收上提，與下嚥之津氣兩般作用會合於臍內，水火自然相見，自身之坎離自然相交。而並無延督脈上行，任脈下降之說。故世行之法，出現氣血衝腦亦在所難免。

所以我們認爲，「還精不能補腦」。不僅不能補腦，還有流弊存在，故希喜好養生、修道者，能注意及之。莫要延生不成，反致傷生，則事與願違，悔莫及之。

房中與仙道之不同

陳攖寧先生曾言，房中術本是古代知識階級男女養生之術，其上乘者，是人己利害互相調和之法，下乘者則有損人而利己者、損己而利人者和人己俱損等諸多不同，更有借房中之名而行三峯採戰、御女採氣以補己身等邪淫之術。歷代以來，諸多修行之士，對丹道與房中多混淆不清，甚至認爲房中術就是丹道所謂的南宗性命雙修工夫。更有人則以陳攖寧先生說過性命雙修工夫須將房中術研究透徹，而將陳攖寧先生所倡導之仙學，亦與房中術混爲一談，這都是不客觀的。

拙著仙學指南一書曾言：「房中術不過是男女房事衞生術，有利於保健身體，也並不荒謬。只是後來被人搞成了縱慾淫亂的邪術，名聲就變壞了。南宗丹法與房中術有雲泥之別，他也有某種聯繫，學習南宗工夫，也應知曉房中術的秘密。了解丹法的正道和旁門，可以互相比較。正道與旁門『差之毫釐，謬之千里』。古人云『毫髮差殊不成丹』，就是這個道理。不能分清邪正，極易誤入歧途。先師曾告訴我，古代傳下來的房中術，一共有九種，必須把九種都一一研究，纔能分清哪些是好的東西，哪些是錯誤的東西。南宗丹法之修習，要明白房中術，但並不是說搞通了房中術就能弄懂南宗法。眞正的南宗口訣，必須眞師口授，口訣是不落紙筆的。」

南宗丹法，由於歷史的因素，歷來就被人弄得正邪混雜，從而遭到諸多詆毀，就是道教的內部，爲名聲計，不懂的人罵眞罵，懂的人更罵假罵，罵來罵去，自己的東西自身不敢承當，遂使一些人假借道教的旗號，販賣假貨，而我們道教中人却噤若寒蟬，任意讓人歪曲，這樣下去，道教的丹法就會面目全非。

老子云：「知者不言，言者不知。」故陳攖寧先生曰：「世人徒聞雙修之名，罕能能了徹其內容與實際，故贊美者等於隔靴搔癢，而毀謗者亦是李戴張冠，都嫌墮於捕風捉影之病。」

今談及「還精補腦」，因有關於房中術，故亦略談仙學與房中之不同，供諸同道參考。

白雲觀雜記

胡海牙　述　許世田　整理

我從十三歲起向紹興名醫邵佐卿先生學習中醫。在這期間，我逐漸發現中醫與道教之間有着極爲密切的聯繫，許多古代著名醫學家如孫思邈、葛洪等，在道學研究方面卓有成就。於是我萌發了研究道教的想法。我十九歲離開紹興老家，上了上虞縣龍會山，正式開始研究道教。其後又尋師訪友，遍遊了江、浙一帶的名山洞府。一九四五年我三十一歲時，在杭州定居下來，開設慈海醫室，不久拜著名道教學者陳攖寧先生爲師，向他請教道家典籍和中醫學說。爲了早晚請教方便，從一九四九年起，我將陳攖寧老師接到我家中居住。

一九五七年冬季，國務院宗教事務局聘請陳老師出任中國道教協會秘書長，當時我與陳老師的關係如魚水一般，誰也捨不得離開誰。於是陳老師便將我的情況向國務院宗教事務局作了介紹，國務院宗教事務局便請我與陳老師同來北京白雲觀——中國道協所在地，進行道教研究工作。

由於國務院宗教事務局的一些同志了解我在杭州行醫的情況，所以我剛到白雲觀就有人來找我治病。當時國務院家屬宿舍就在白雲觀附近，來觀內就診的人逐日遞增。消息逐漸傳開，慢慢的，不但城里人來看病，就連郊區的農民也半夜乘驢車趕來候診。爲了方便廣大患者，同時也爲了增加觀中的收入，我索性每天上午開四小時門診，治療一百五十位患者，下午和晚間從事道教研究。後來，北大醫院的領導對我的情況進行了了解，決定請我去他們那兒從事針灸教學研究與臨床工作。當時我捨不得放棄道教研究，經宗教事務局何承湘局長做工作，我接受了北醫的聘請，於一九五九年一月開始去北醫工作，但每日下班後仍回到白雲觀，繼續進行道教研究。直到一九六九年我被下放到幹校，纔離開白雲觀。

在白雲觀居住期間，我對白雲觀歷史概況及觀內道教活動、道士生活等情況作過一些了解。

白雲觀初名玄元皇帝廟。所謂玄元皇帝指的就是老子。因爲被人們神化了的老子與唐朝統治者同姓，唐朝皇帝爲了愚弄民眾，維護其王權，就稱老子是自己的祖先，謚封以「玄元皇帝」尊號，命各地建廟以奉祀之。北京的玄元皇帝廟卽建於那時。又因皇帝的生日叫天長節，所以後來又將玄元皇帝廟改稱「天長觀」，迄今已有一千二百餘年歷史。

一一六〇年天長觀燬於大火，七年後，金世宗敕令重修，規模弘大，四載始成，改名爲

「十方大天長觀」。落成後殿堂雄偉，回棟雕欂極爲壯觀。中軸線上從前向後排列着虛皇醮壇、玉虛殿、通明殿、延慶殿。延慶殿兩側還各有一座配殿，左爲澄神，右爲生眞。東路係靈音閣、大明殿、五嶽殿。西路乃飛玄閣、清輝閣、四瀆殿。全部建築共計一百五十楹。一一九〇年，金章宗又於延慶殿左側修建了一座規模弘大的瑞聖殿，用以奉祀其母的本命之神——丁卯神。此時十方大天長觀内奉祀的尊神由單獨的老子發展爲三清、玉皇、玄天上帝、虛無上帝和金代特有的長白山興國靈應王。一二〇二年，十方大天長觀再次燬於大火，一年後金章宗又敕命重建，定名「太極殿」，後來又改名「太極宮」。

一二二四年，龍門始祖丘處機號長春應行省之請，住持太極宮，從此便改名爲長春宮。丘處機曾大量參與政治活動，並受到元太祖成吉思汗的尊敬。他曾建議成吉思汗：「欲一天下者，必先在乎不嗜殺人。」還諫阻過成吉思汗的東山大獵，這對於保護百姓的生命和減輕人民的經濟負擔是起了一定作用的。所以丘處機及全眞道士們受到了百姓的愛戴。當時，他已名震朝野。所以當丘長春提出要對長春宮進行大規模修葺時，一切費用不待緣化，四方信徒不分遠近爭先供獻。這次修葺使長春宮煥然一新，基本上恢復了昔日十方大天長觀的氣勢。

丘長春死後，其遺蛻初厝葆光堂，第二年春天遷葬於長春宮東側下院中，墓上修建了響堂，定名爲處順堂。這座下院從那時起就稱爲白雲觀。

陳時可在燕京白雲觀處順堂會葬記中，記述了丘長春葬禮之盛況：「以四月丁未，除地建址，越四日庚戌，雲中河東道侶數百輩裹糧來助，凡四月成其堂，制度雄麗，榜之曰處順。既祥，奉仙骨以葬……大備其禮，四方來會之道俗逾萬人。」這一段記述，充分反映了丘長春在當時道教界和普通民衆中的影響之深，威望之高。

元末長春宮燬於戰火，明成祖朱棣特命中宮來修復，但因燬壞過於嚴重，一時難以勘明舊址，因此，就對近在咫尺的白雲觀進行了修葺擴建。一四二八年至一五七六年間，白雲觀進行了多次修繕並先後增建了三清殿、玉皇閣、延慶殿、鐘鼓二樓和長生、施齋兩堂。

一六六二年，在方丈王常月的請求下，白雲觀再次得到大規模修整、擴建。白雲觀志稿中有着詳細的記載：「王常月方丈以觀宇頹敗，請努重建。就明內官劉順所建三清大殿重葺爲二層閣樓，上層奉三清，下層奉玉皇，閣左右增二樓，東曰藏經閣，西曰朝天樓，接以東西客堂並東廚西庫……三清閣之前處順堂，茲加修繕，額曰貞寂堂。再前七貞袁光之堂，奉七貞，蓋移李得晟所增塑仙像六軀於此，中座丘祖之像所固有者也。再前爲玉曆長春之殿，旁建配殿，西曰儒仙，以奉油底張本，東曰丰眞，以奉張三丰。更前置四帥殿，今之靈官殿也。其前爲石櫟，即甘河橋，溯重陽甘河遇仙，全眞所以開道也。」這一次規模宏大的修建，充分再現了昔日十方大天長觀的宏偉氣勢，今日的白雲觀，即完全奠基於此。

丘處機曾多年隱居隴州龍門山修道，因此，人們稱他所開創的道派爲龍門派。由於其遺蜕埋葬在白雲觀內，因而白雲觀也就想當然地被公認爲「龍門祖庭」，玄門流裔，尤其是龍門派道士們經常要來到這裏朝拜祖庭。這使得白雲觀在道教宮觀中的地位日益提高，逐漸成爲諸山道士們所公認的「全眞第一叢林」。數百年來香火不斷，住觀道士常常多達數百人，稱得上是「玄風流衍，代有名人」。

白雲觀是道教中心，不收小道士，住廟道士都是從各地雲遊來學道的，有的是來此等候受戒的。道士到十方叢林住廟叫做掛單。在白雲觀內掛單要有一定條件，只有條件合格者纔允許掛單。如有下列問題則不準在白雲觀掛單：籍貫、三代不清；有傳染惡疾或不良嗜好；奇裝異服、短髮瘋狂；妄言異端、江湖術士、爐火符咒、占卜星相；課誦不熟；年齡未滿等等。

此外，新來掛單的道士要經過迎賓、知客等人的全面盤詰、考詢，如檢驗證書戒碟，詢問履歷派別、姓名、三代，考誦經文等等。考詢全部合格後便可在觀内掛單。整個掛單儀式需三個小時乃至半天的時間。每個住觀道士都有一個編號，道士離觀他往稱做「銷號」。銷號再次回到本觀叫做「復號」。復號也有一定的規矩：初次掛單居住不滿半月者不復號；銷號不滿半月者不復號；被總理、知客、執事催單逐出者一年後纔許復號；被督管或巡照催單逐出者兩年後纔允許復號；被方丈或監院催單逐出者三年後纔允許復號；如已被革除吊銷度牒，則永遠不準復號了。

初來掛單的道士都要幹臟活、重活，以後每年換一次工作，如工作勤懇，可逐漸提升到知客、巡照、監院等高級職務。如果過去曾擔任過高級職務者可以提前提升。在本觀已擔任了高級職務，如銷號雲遊到另一觀中，仍要從臟活、重活做起。

從原則上來講，所有住觀道士都是平等的，沒有地位的差別。但由於人數衆多，大家各有不同職務和工作範圍，爲了維護觀內集體生活的正常化，就得人人遵守清規玄範。無論何人，凡是違犯清規者都要受到懲戒。例如：出不告假或結群閒遊等等，就要罰跪香；集聚閧類或濫用職權等等，就要罰遷單降職；不服派遣或驕慢師尊等等，就要催單逐出；惑人騙財或干犯國法等等，就要送究，情節特別嚴重者則要用火燒死。一九四八年，白雲觀監院安世霖即因觸犯清規實際是派系對立衝突的結果而被燒死在丘祖殿前。

本來道教清心寡欲、清靜無爲的主張就已使得道士的生活十分肅穆，再加上這些清規玄範的限制，就更加刻板單調了。白雲觀中作息時間是根據白天的長短制定的，無論春夏秋冬，只要東方天一發亮，就敲梆子起床，等到雲板一響，便上老律堂念早壇功課經。作完功課後敲梆子下殿，到丘祖殿前排成兩行，由值日知客率領到大齋堂門前，敲磬進齋堂。喫飯前要先向王靈官獻祭。獻祭的儀式是將一碗米飯放在小圓盤裏，經師站在一旁，一面敲磬一面唸經，全體道士跟着他唸供養咒和結齋咒。咒念完後由一道士端盤上供。獻祭完畢，監院、知客、經師等上層道士退出大齋堂，下層道士開始用齋，吃完齋要先向堂上作個揖再離去。

上午道士們都在經堂誦唸經卷，午飯後各就各位，去幹各自的工作，或修持，或學習，或幹雜活。晚飯後作晚功課，習誦經卷。功課完畢後大家可以在觀內外散步、活動，聽到敲梆子就回房就寢。夜間有巡房，每兩小時敲更一次。

道士的伙食極爲清淡，早、晚兩餐是稀飯，兩人一碟鹹菜；午餐是玉米麵窩頭和素炒菜，每月初一、十五中午改善伙食，也只不過每人一斤饅頭而已，並且還是次等黑面做的。若不是習以爲常了，這種素齋是難以下嚥的。冬天因白天短，改爲一日兩餐。監院、知客等上層道士在小齋堂用齋，以稀飯、麵條爲主，一年四季都是兩餐。

白雲觀中的主要道教活動是傳戒。早年在觀中主持傳戒的，是著名道士西京路傳戒壇主清虛大師閻德源。傳戒的儀式既複雜又隆重，時間很長，早期長達一百天，後來減少到五十三天。傳戒人數有時多達六七百人。僅僅從清初至民國初期這近三百年間，受戒的道士就達萬名以上。白雲觀最後一次傳戒是在一九二七年，受戒人三百四十九名。

張伯端與金丹道

胡海牙

談及道家養生南北宗之區別，每以南五祖、北七眞相比較，而二宗同傳於鍾呂只是道門自己的說法，在學術界未能得到統一的認可； 又或局限於「北講清靜、南言栽接」說法，往往是窮鑽牛角尖。 如果站在中華養生史的岸邊，可以看到，自黃帝以降，張紫陽以前之神仙家不可勝數，張紫陽之後的神仙家歷歷在目，黃老有黃老之法，鍾呂傳鍾呂之術，各是依據自己當時的歷史環境，因地制宜，創造出新，方便圓明。 雖法有區別，而理爲一貫。

養生關係到人體科學，爲達到目的，必有嚴密的理論及適當可行的方法，特別是應付臨機變化的手段，也就是所說的口訣。「饒君聰慧過顏閔，不遇明師莫强猜，只緣丹經無口訣，教爾何處結靈胎」，這幾話出自張伯端悟眞篇的七言詩，屢屢被後人引用，以證明緒緒而傳的經驗是十分重要的。 但是得到口訣並不是是萬事大吉，前人講「法財侶地」和合，仍需要進行人體科學實驗的種種外部條件，更有人本身的智慧、毅力等主觀因素，在實踐中起到舉足輕重的作用。 張伯端悟眞篇流名千載，立一家之言，成南宗之祖，我們研究他的事蹟，或更有助於人們對仙學的了解。

張伯端，初名用成，字平叔，號紫陽，後世稱紫陽眞人。他自幼好道，其悟眞篇自序稱「幼親善教，涉獵三教經書，乃至刑法書算、醫卜戰陣、天文地理、吉凶生死之術，靡不留心研究」，可見得在他於成都遇異人授以丹訣之前，就已經鑽研仙學了。通過「不識眞鉛正祖宗，萬般作用枉施功，休妻謾遣陰陽隔，絕粒徒教腸胃空。草木金銀皆滓質，雲霞日月屬朦朧；更饒吐納與存想，總與金丹事不同」，說明他確乎研究了當時流行的各種修養方法。這幾句詩中，包括了吐納法、存神法、辟穀法、丹藥法、觀想法，這些方法到今天仍廣爲流傳，如果做得合法，也確能起到健身的作用，但在悟眞篇中却是持貶低的態度。但並不是全部的否定，作者明指出它們是「易遇而難成者」。而「今之學者，有取鉛汞爲二氣，指臟腑爲五行，分心腎爲坎離，以肝肺爲龍虎，用神氣爲子母，執津液爲鉛汞……是皆日月失道，鉛汞異爐，欲望結成還丹，不亦遠乎？」既然與金丹有別，那麼很明顯，紫陽眞人的最後所指理當是三元丹法中的人元丹法。張氏也得到了天元、地元丹法傳授，事見張紫陽浮黎鼻祖金藥秘訣序，但有無實際燒煉，尚無考證。

張伯端於宋神宗熙寧己酉年入蜀，年已屆八十二歲，但他得訣後是否成功了，我很懷疑。先師陳攖寧先生認爲，張伯端寫悟眞篇是爲了「訪外護」而作。「外護」這件事，在古時是公認的一件極有功德的事。三元丹法重在科學實驗，既然是實驗，自然需要「財侶法地」等諸多條件。以張平叔當時的情況，必然無此能力承擔，因而訪外護是其無可奈何之舉。否則，「人身難得」，一旦錯過機會，就「遇之不煉是癡迷」了。僧人出身之薛道光，是張伯端的再傳弟子，石杏林在傳其口訣之後，復囑其「可疾往通都大邑，依有力者圖之」，故而薛脱下僧袍，混跡於鬧市，擠身於縉紳之間，也是因爲此法尚須外緣俱備。由此我們可以知道，張伯端既然是在尋訪外護，那就證明他當時還没有成功，而他又自言「三傳非人，三遭天譴」，可見其當日訪外護之心切，以致身罹禍患。典籍記載，張伯端晚年常遊於天台官宦之家，且傳有一系，亦可證其尋訪外護之心切。但以近九十歲的年齡，而欲證天仙，不亦難乎？倒是他的弟子活了一百三十歲，也算是很不錯的了。由此可見，得訣者未必成功，小成者未必得訣。先師陳攖寧先生得三元丹訣之後，兩番地元實地燒煉，皆因戰亂而功虧一簣，可見非爲人力，亦當天時地利之合也。

由張伯端的悟眞篇看，理論講得極其透徹，這説明他確實是得到了口訣，至於成功與否，尚不敢輕下定論。因爲學仙是有層次、有界限的，不同於學佛者只講明心見性，亦不同於淨土宗今日死則今日往生西方、明日死則明日往生西方。學仙是在身體上做功夫，有效必有驗，無效必無驗，決不能自欺欺人。南宗主張先命後性，命功取三元丹法之人元，性功於後世徑取自佛教禪宗。呂純陽曾有「自從一見黃龍後，始悔從前錯用心」，錯用心者，非錯用功也。

南宗丹法之隱秘，是眾所周知的。雖歷代典籍多有透露眞機者，然多是借言譬喻，若百會、華蓋、祖竅、玄關等名詞，或是會意而設，或是借意而言。而「玄關一竅」，爲仙學之門户。金丹四百字曾云「此竅非凡竅，乾坤共合成；名爲神氣穴，內有坎離精」，亦洩天機之語耳。玄關乃南宗入門機關，訣中有訣，法中有法，不同於江湖左道之傳授，讀者切勿誤會。

張伯端之南宗及其著悟眞篇，在仙學上影響很大，了解張紫陽及悟眞篇，有利於更好地學習、研究仙學學術。此篇隨筆，只是我個人的一些看法，僅供諸同道參考。

開悟之後

胡海牙

天下的事没有一成不變的。老子曰：「天下皆知美之爲美，斯惡矣；天下皆知善之爲善，斯不善矣。」

以前，杭州有位大愚法師，爲了達到佛法的開悟和明心見性，發一下椿誓願，大意是不得到佛法就不睡不坐不臥。他每天邊走邊持咒，後來腿脚浮腫沉重，舉步艱難，就一邊扶着牆蹣跚而行，一邊仍是口不停地念咒。人們看到這種情景，被這位法師的行爲及誠心所感動。不幾日，這位法師宣佈親承普賢菩薩受記，自此明心見性，開悟了。於是升壇講法，信奉他的人很多。有幾位得到他秘傳咒語的學生説那是眞正的口口相傳不立文字的。日本人侵略到杭州時，這位法師逃到了重慶，杭州一位姓王的學生，常把杭州眾學生的供養寄到重慶去給法師。後來有從重慶回來的人説，這位法師在重慶應酬很廣，不但娶了妻室、吃肉飲酒，還學會了抽鴉片。我跟他在杭州那位姓王的學生學習過佛學，聽了這事很是不解，便跑去問：是不是大凡明心見性的和尚都可以娶妻、吃肉、飲酒、抽鴉片？這位姓王的學生對我的提問，也是一頭的霧水。

在普陀山有很多寺廟，相傳那裏是觀世音菩薩的道場。觀世音菩薩曾發下誓願，願救衆生一切苦，隨求隨到，老百姓也因此稱觀世音菩薩爲「急求急應救苦救難大慈大悲觀世音菩薩」，自然觀世音菩薩的道場也蔚爲壯觀。我有一年去普陀山參訪，看見一位奇人，人稱妙蓮和尚，是個頭陀，卽帶髮修行的苦行僧，並不在寺院裏住，只是在寺外另搭了一個茅蓬，每天也不必遵照嚴格的寺規定時起床做早晚功課，很是自由。想喫飯便到寺院裏去吃，不想去寺裏，就隨人施捨，這叫做苦修。我初見到他時，也覺得他怪可憐的，衣服破破爛爛，滿身泥土、草枝子，也不洗。臉色蠟黃，皮包骨頭，跟壁畫上的印度羅漢似的。最奇的要數他的頭髮，他的帶髮修行可不同一般，頭髮一直留到腰以下，從來不梳理，頭髮裏又是汗又是泥，又厚又硬，都粘在一塊，快趕上了氈子。現在想起來，這樣有個好處，晚上睡覺時就地仰臥一躺，頭髮正好墊在身體下面，能隔潮濕，不傷身體。隔了幾年，我再到普陀，心裏就想早早見見這位苦行頭陀，一打聽，大家誰都知道他，說在前面「妙蓮蓬」。繞過一片樹林，小茅蓬不見了，新出現一座嶄新的土木庭院，正門上掛着金漆匾額「妙蓮篷」。看妙蓮和尚簇新的袈裟，臉上多添了幾分胖肉，精光的頭上没有了頭髮，噌明發亮。庵堂里人來人往，一個個虔誠地拜佛，眞意地奉香，裏裏外外幾個普通僧人進進出出。我心裏想，不用說，這位和尚也開悟了。旁邊有人暗地裏告訴我，妙蓮法師是受觀世音菩薩點化，明心見性，立地成佛了。原先人家給他建造的兩間房子，沒幾個月讓一把天火燒沒了，那法師固不可能再住小茅蓬了，重新化緣再造房子，房子的規模還得比原先的大、比原先的好。法師自己沒有錢，都是施主們的錢，孝敬法師就相當於孝敬觀世音菩薩，這也是行善積德的事啊，所以施主們都願意出這份錢。就這樣，一座小院子出來了。沒有一年，這座小房子又被天火燒了。我想，怎麼老是有天火啊？一位長者曾告訴我，他自己曾親歷過這一類事件，說在我們當地曾有一座很大的寺廟，歷史也很久，裏面的佛像身上貼有金片，後來有人貪圖那些金片，便把金子刮了下來，然後把寺廟一把火燒了，對外則稱是天火燒了，正要準備化緣重新廟宇，沒想到日本兵打到了這裏，全城人都去逃難，寺廟也一直沒有修起來。這使我對「天火」的說法也有了另一種認識。

過去的工夫傳授，一般講六耳不聞、口口相授，而且還要在門上貼個紙條「鬼神免聽」。曾聽說過這樣一個故事，一位老師教給徒弟一句六字眞言，說要持誦萬遍，師父、師爺都是靠這六字眞言開悟的，這六字眞言就是「嗡嘛呢叭咪吽」。結果徒弟日日精心持誦，念到八萬多遍時，一次打瞌睡，把最後一個音一降，念出了一個「我來把你哄」。

我在鄉下愛養蜜蜂，蜂房清理得十分乾淨，每天釀蜜很多。有一次外出一個半月，蜂房沒人照顧，回來時蜜蜂都不敢出來了。上有毒敵，下有螞蟻，小密蜂能保住自己的性命就不錯了。我連忙重新打掃一遍，乾乾淨淨的，還怕不保險，還在蜂巢邊貼上一張黃裱紙「姜太公弟子胡海牙在此，諸蟲迴避，急急如律律令」，結果還眞管用，天敵遠遁，工蜂又出來採蜜了。解放後訪問養蜂廠，見每個蜂厢上也貼有字，過去一看，是「保證環境，清潔衛生，没有灾害，增加產量」，而工蜂一樣的辛勤工作。

關於符咒治病，確實也有靈的，中醫十三科裏就單有一個祝由科，是專門用符咒治病的。我以前有個朋友，是專靠辰州符給别人治病的，我也試驗過一次。病人牙痛，叫他立在門檻上，在地下寫出「風」、「蟲」、「火」三字，一手拿釘子，一手拿錘，先釘「風」字，問他還痛不痛，不痛就好了。要是仍然痛，就再釘「蟲」字，一定會好。如果釘到「火」字仍然不好，只有請病人去醫院治療了。符咒並不是人人都靈的，我見過樓下開刀樓上流膿的事情，病人躺在床上，在身上貼一張符，樓下剪一張人形的紙樣，就在紙上面開刀，病人皮膚漸漸開裂出膿。其實在今天用不着那麼麻煩，現代醫學那麼發達，往身上灑點腐爛性藥水比往符上面灑藥再貼到身上省事得多，只是怕病人不肯而已。過去常見賣符的人在大街上，當着衆人把一只活蹦亂跳的公鷄用釘子從眼睛對穿釘到牆上，鷄一動不動，那樣子像是死掉了，等畫符念咒已畢，釘子拔下來，公鷄一支楞翅膀，又活蹦亂跳地走了。這個看起來很奇怪，但把鷄解剖後一看，眼睛那裏是空的，中間只有薄薄一層骨頭，只要掌握到尺度，誰都可以這樣做的。曾有一位道士沿街叫賣符籙，說是可以驅趕蚊蠅。幾位村婦上前訴苦說買回去的符不靈驗。道士問她們是怎麼供奉的，回答說是貼在牆上。道士搖搖頭，說：

「我的符咒需要配着蚊香點纔管用呢。」

南方的地理生活環境與北方不同，湖多雨多，風雨莫測。古代不科學，很容易迷信，像屈原一派的楚辭有很多就取材於南方巫歌的內容，如果沒有特殊的人文環境，也就沒有這種浪漫主義的文學碩果。因而，南方鬧妖弄鬼的故事也特別多。房門關着，夜裏聽見有人在外面叩門，開門一看沒有人，如此幾次，家裏便覺得「房子不乾淨」，要請人斬妖驅鬼。其實這些在魯班書等書中都有介紹，只要把機關一破，鬼也就不見了。但這些竅門，現在的木工師傅也不見得都知道了。我還見有一種，夏季天熱睡不着時，幾個人躲窗下，一手拿住細磁碗底，一手沾水在碗沿上摩擦，就會出現「吱吱嗡嗡」的聲音，聽起來凄厲哀婉，讓人直起鷄皮疙瘩，好像聽到鬼叫一樣。這些都是裝神弄鬼的事，說破了也沒有什麼。

有了這些經歷，我倒是開悟了許多，雖然說還沒有活神仙的點化，但很多事情也能看得更清楚一些了。

劍仙揭密

胡海牙　口述　晏龍清　武國忠　整理

劍仙之術，先師陳攖寧先生在口訣鈎玄錄中曾這樣說過：「劍術，也是極端秘密之一種。上等的名爲劍仙，次等的叫做劍客。他們的戒律，不許管國家大事。現在常聽人說，彼等爲何不替國家出力？這都是門外話，決不可拿看小說的眼光去猜想。究竟他們費二十年光陰，犧牲一切，專煉此術，作什麼用處呢？因爲中國自古以來，就有這一派，乃地仙門中之旁支。他們修煉，是要跑到懸崖絕壑，採取靈藥，服食辟穀，吐納呼吸，噏受日精月華。各種工夫與金丹法門隱居城市修煉者不同。假使在深山中，遇到毒蛇猛獸，肉體無力抵抗之時，就用劍氣去降伏。待到二三百年以後，道成尸解，肉體既不要保存，劍術遂歸之無用。他們若有不甘於小成者，半途上再求進一步的工夫，參透造化陰陽之消息，拿出旋乾轉坤之手段，將後天金氣，變而爲先天金氣，於是又走向金丹大道正路上來了。這種人性情甚爲固執而冷僻，若是你的資格不合於他的條件，無論如何，他決不肯相傳。」並且，陳攖寧先生在揚善半月刊和仙道月報上曾經多次談及劍仙術不可輕傳的理由。現在看到有將劍仙之術公開傳授者，我頗覺不妥。因爲這種學問假的內容太多，即便是眞的，在現在也沒有什麽用處了。

我從十九歲開始學道，遍遊名山寺觀，尋訪高眞大隱，雖然學了不少的修煉法門，但都不盡如人意。直到得遇先師陳攖寧夫子後，方知仙道修煉之眞諦。

一九四五年日寇投降後，我回杭州定居並開設慈海醫室應診，閒暇之餘，在杭州鈎山樵舍，跟隨内家拳名家黄元秀先生學習武當對劍。據傳，此套劍法是黄元秀先生的老師、武林名宿李景林先生所創。因爲黄元秀老師接李景林當過代理督軍，因而，此劍方傳到黄手中。武當劍有單練、對練兩套，我跟黄老師只學了對劍，沒學單練。中華武術中，原有三才劍，山東督軍李景林將其改爲三合劍。李後來不滿意，遂請來多位劍術名家實踐演練，從中總結提煉出十三個動作，以兩人對打對練爲基礎，進一步發展爲無招式對打始纔滿意，名之曰「武當對劍」。其修煉方法本「天人合一」的思維，練就「身劍合一」的劍術，風格瀟灑飄逸，變化多端，練至最高境界——身劍相合。李景林先生題詞讚曰：「煉劍之要，身如游龍，切忌停滯，習之日久，身與劍合，劍與神合，於無劍處處處皆劍，能知此義，則近道矣。」太極拳名家楊澄甫先生讚曰：「劍氣如虹，劍行如龍。劍神合一，妙用無窮。」由於我在兵器中尤喜劍術，對此套劍法更視如珍寶，勤練不輟，故黄元秀先生對我印象比較好，便決定傳授我一種神妙莫測的「劍仙術」。據說，此術練成後，旁人只見白光一道，百步刺人，若探囊取物。此種工夫皆是二十世紀三四十年代上海著名的武俠小說家還珠樓主的蜀山劍俠傳中的主角使的功夫，我知道那些都是向壁虛構。但黃元秀先生却如此推重，我非常懷疑。但爲了一探究竟，也没有說什麼。

不久後的一天，黃元秀先生特意挑選了一個黃道吉日，在他家中的佛堂裏爲我舉行了一個莊重的拜師儀式。先給神像上香磕頭，然後再行拜師大禮，黃先生便開始教我練功方法。即用一只手捏住一把二寸長的小竹劍，另一只手則掐起劍訣，指着竹劍，口誦咒語，念念有辭。每日須煉半個時辰，煉完後把竹劍泡在涼水杯裏，看其周圍水泡的多寡，來判定功修的進展如何。不煉時，要將那柄竹劍恭恭敬敬地供奉在佛堂裏面。拜師完畢後，我問黃先生：「您學成了没有？」他答：「我哪來時間煉呢。」我心裏暗想：「這麽好的東西爲何不煉呢？」我這纔確確實實地知道黃先生受騙了。不是劍仙，而是「騙仙」。因爲黃元秀先生是篤誠君子，待人以誠爲本，對自己的老師非常崇信，所以老師傳授給他的東西他没有用科學的眼光去分析，就全盤接受，而在傳授他人的時候亦按師授而傳，故未必能探知其中奥妙。雖然我對黃元秀老師所傳的劍仙術並不推崇，但對黃元秀老師的人格一毫也未輕視。民國年間以此術騙人的江湖術士爲數不少。

一九五七年，我跟陳攖寧老師赴京工作，在與黃元秀先生作別時，他贈我一本武當劍法大要，一把二寸長的銀劍此劍精巧別致，劍身篆刻有八卦圖案，至今仍保留在家中，和一張黃元秀先生在民國時作督軍的戎裝照片。黃先生身穿上將軍服，頭戴督軍帽，兩手在身前按着指揮刀，威風凜凜，很是神氣。惜此照片在「文革」期間丟失了。另外還有一張合影照，都是二十世紀二三十年代的武林名宿。其中有楊氏太極拳名家楊澄甫，武當劍名家李景林，萬籟聲的老師、自然門大家杜心武及劉百川等當時的武術名流。黃元秀先生告訴我，他的劍仙術不是跟李景林先生學的，李景林先生曾得到從故宮流傳出來的雍正時劍俠所用的小劍十三具，但是不懂他們的具體煉法見武當劍法大要。黃元秀先生的劍仙術得於照片中的另一位老師，他的姓名我現在已想不起來了。此人在當時的上海名氣很大，據說不僅懂得劍仙術，而且還會點金術和搬運術。有一次，黃元秀先生同他一起在上海國際飯店喫飯，這位老師爲黃元秀先生表演了一個小搬運法。他讓黃先生把手錶摘下來交給他，他拿起表順手就扔到窗外的樓下去了，手錶却被一個拉黃包車的車夫撿走了。黃先生眼睜睜看着自己的手錶被人撿走，不禁疑惑的問這位老師：「你怎樣纔能把這塊手錶拿回來呢？」這位老師微笑着對他說：「你摸摸自己的口袋，看看有什麼東西？」黃先生順手一摸，手錶居然在自己的口袋裏！從此，黃先生對這位老師佩服的五體投地，並追隨這位老師學習劍仙術。隨後我把這件事向陳攖寧先生說了。陳老師便爲我講述了發生在這個「劍仙」老師身上的另一件事。

陳老師在上海有一個女學生叫濮冰如，知道這個「劍仙」老師會煉金術，就同他父親一道拜師學煉金術。到這個「劍仙」老師家一看，他家很有錢，房子裝修的富麗堂皇，屋裏放着許多裝貴重物品的皮箱。「劍仙」老師說，他家的錢都來自於煉金術。接着，他讓想學煉金術的學生都出金子做本金，讓他上山煉金，並說誰出的金子多，最後分的金子就多，誰出的金子少，分的也就少。金子收齊後，由濮冰如和他父親帶着金子陪「劍仙」老師上山煉金，剛走到半山腰，陡然出來一伙劫道的綁匪，把煉金用的金子全都搶走了，把這位「劍仙」老師也給綁走了，從此杳無音信。最終，煉金的事也就不了了之了。濮冰如把這件事告訴了陳老師，陳老師說你們碰到了一個大江湖。

後來我在北京白雲觀，把我煉劍的事告訴了幾位道友。最後這件事傳到黃元秀先生那裏去了，他特意寫信來叮囑我，劍仙術只可潛修秘煉，千萬不可輕易示人云云。

其實我的仙學老師陳攖寧先生在昔年訪道時曾得到劍仙法門的眞訣。民國時期著名的劍客梁海濱又名懶禪先生在一九三四年有一次和陳老師同乘火車時談起劍仙的功夫，老師寫出劍仙初步的口訣給他看。梁先生看完後大爲喫驚，認爲比自己的東西高，遂要求鈔錄下來，陳老師當時没有答應，用火把它燒了。先師早年傳此訣於我謂：劍仙口訣，共分九步，三步內煉法，六步外煉法。內煉法包括採氣訣、煉氣訣、養氣訣三步。外煉法主要是講擇地、築室、運氣、御劍等法訣。修煉過程艱難複雜，尤對地形的要求非常嚴格，須到深山老林人跡罕至之處，尋覓藏風閉氣之洞穴，砌起幾重高牆，以防野獸侵犯；還要有一至兩名好的外護，以保證日常的生活供給及安全。在裏面閉關訓練劍氣，採月之精華，久久行功，纔可望有成。如稍有不慎，則前功盡棄，功敗垂成。在此，我將老師當年所傳之劍仙初步內煉口訣，加以改編整理，公諸於世，以饗讀者。

一

五更星未滅，緩步出山門。昂頭向東立，解帶寬衣襟。鼻吸一口氣，直入丹田中。周身用神力，吐出疾如風。先似一支箭，後如一條線。既要冷於冰，又要白如鏈。氣出須緊急，不可鬆與緩。兩眼定精光，萬事都不管。神氣扭成團，倏忽乾坤寒。山林陰寂寂，閃電出眉端。煉士莫驚恐，氣堅神不動。就此起殺機，一意頻吞送。日出陽光生，停功歸靜室。舒體任逍遥，一段工夫畢。

二

每月十五六，仰臥面對月。將吾靈劍魂，上與月魄接。若問如何接，先把眼光攝。定睛觀月華，寒光散霜雪。初覺大如盆，續覺小如碟。先看四面鬚，再看鬚復滅。遠看在天邊，近看在眉睫。猛然神一收，頓覺天地窄。神氣偶恍惚，胸中如物迫。冷逼人難當，脫然衝口出。直向月宮飛，死力吞回腹。勿使久遲延，恐怕魄散失。急急回暖房，溫和運氣血。以上二段功，劍仙根本訣。切忌犯淫欲，氣衝五臟裂。此爲內煉法，男女同一轍。還有外煉功，變化不可測。自古戒妄傳，尋師親口說。

陳老師不以此術教人，認爲窮一生之精力研習此術，亦不易煉成，故應以弘揚仙學養生長壽爲己任。余以爲，在科學如此昌明的時代，還是靜下心來，踏踏實實的用工夫，不要好高騖遠，徒費精力。

欲保長壽，先補虧損

胡海牙

這些年來，常有身邊好友邀余寫些養生文字，余自思才疏學淺，故每每推辭。及至近來在醫院診病中常有「氣功病」者前來求治，方覺此事大爲不妙，詢查根源皆因不知養生延命，妄談「氣功」所致也。然初步養命道理，老師陳攖寧先生早於二十世紀三四十年代已廣泛討論宣傳，今人不察而重蹈覆轍，良可悲也。余深憫其苦，即繼陳夫子志，再而言之，以醒今人耳目，是爲不作之法。

考歷代修煉法門非止一途，有時此法適用，有時彼法相宜，貴在融會貫通而全不執着。近之學氣功者每喜聞簡單之口訣，而傳人者亦僅傳呆板之方法。對於原理往往忽略過去，以致是非莫辨、輕重倒置，最易誤人。昔之著書者其在當時各有目的，彼只求達其目的而已，往往重整理經驗而非傳播知識，原不必限制後人定須依從其說惟惟諾諾。可惜後人讀書無識，遂極容易被人所誤。今之傳氣功者或執定一書以教人，或專守一法以濟世，自信其堅，且自視其高，結果竟不免失望。故愚見主張先從研究原理下手，務求明白其所以然，庶不至爲各種道書丹經所誤，更不至被近代傳授口訣者所欺。但我之所謂原理者，乃根據事實而推斷，不像他人空談玄妙。

彌補虧損實爲急務

仙家功夫分爲性功與命功兩大部分。有主張先修性後修命者，意謂性功若不純，命功亦難得見效，假使性功做得好，命功自然易於成就，此一說也。又有主張先修命後修性者，意謂命功有限量，性功無限量，宜先將有限量者做完然後再致力於無限量者，只要留得筏子在，不怕將來不能渡河，就怕筏子毀了卽永無到彼岸之一日，此一說也。更有主張性功與命功同時並進不分先後者，愚見亦贊成此說。蓋性功屬於心理方面，命功屬於生理方面。心理固能影響到生理，而生理亦能改變心理，可知心理與生理有相互的關係，不能於其中分輕重緩急，因此，性功與命功亦當同時並用，不能說孰先孰後。

性與命在最初源頭本不可分，惟吾人既有此後天肉體，且須設法保存此肉體，勿使其速朽，姑將性功與命功分爲兩部分比較。先修性者每尊北派清靜，先修命者常講南宗栽接。古所謂金丹大道實卽南宗陰陽功夫，乃參同、悟眞所指，決非清靜孤修事也。此一節近代惟攖寧夫子明確講過，非但知之者不多，卽便知道敢於點破者更不多矣。而所謂陰陽功夫，比較江湖先生所傳授者大有分別，不可不明焉。

然而修煉金丹大法條件特別苛刻，非有「財、侶、法、地、福」相應，再加自己的大智大慧勤勉方能修持，這裏且不去談它。而今爲方便起見，考慮君等爲職業所拘，每日暇逸之時間有限，對於性功頗難深入，又以年齡皆非少壯，半生精力消耗已多，以環境而論，現在與將來仍不能跳出此範圍之外，所以彌補虧損，命功在君等實爲急務。

彌補虧損的修煉

補虧損者，世人娶妻生育及一切酬應，年至四十以後，其精氣已耗大半，更有人先天不足，若後天不補足精氣，則做氣功難有進步，故當注意之。其法：　每日不拘何時若飽食之後必須緩行三五百步方可就坐入座，腰帶放鬆。坐定後，呼出粗濁之氣一二口，即收心神於命門兩腎中間、肚臍對面，不事他顧，專一於此，勿令念起，「如鷄抱卵須常聽」。如此每日行持，坐一二小時，或能多坐更佳。如覺兩腰間轆轆跳動不已時，隨即以意送入陰蹻即針灸家的會陰穴。既至陰蹻，又覺其中掣掣跳動，雖跳動却不要理它。待更覺渾身通泰，心如迷醉，遍體脈絡皆覺活動，暖溶溶如坐春風之中，我亦不理它，只自專心致志，安居其中。如此凝定，跳止，萬不可稍有邪念意淫，否則自誤匪淺。

口鼻之息名爲外呼吸，與內呼吸之動作正相反。鼻中之氣吸入則內呼吸反迎而上升至臍輪。鼻中之氣呼出則內呼吸反而下降至海底。如此情形，久久自然升降，則無弊病。若稍存意念送它上下，則此內呼吸與我靈明不能融化爲一。其要緊處，惟忌念起。念起神散，雖坐無益。總之，務要此虛靈不昧之神歸入陰蹻穴中而不出，安居既久，則神自化氣，氣自化精。

初坐，約得三百息，繼漸加至五六百息，兩腰之中及小腹漸漸覺熱，體素畏寒及手足素冷者亦覺其熱。而後使陽氣化爲陰精。如是每日行持，以塡補歷年之虧損，並爲藏陽之地步。故此補虧一法，是謂清靜中接命添油之秘訣也。此法不是煉精化氣、煉氣化神，乃是以神化氣、以氣化精。因爲年高體虧之人，身中已無精可煉，故不能不借重此法。由此步功夫做完，而後再行煉精化氣，方是進步之途。

攖寧師曰：神仙家每於陰蹻一穴秘而不宣，且云輕洩者必受天殃。推其本心，非吝不肯傳，蓋人不論男女老少，若得此陰蹻種陽之訣，其腎陽立能變弱爲强，易如反掌。而陽旺思淫亦爲常人所不免。此道本爲壽世，今反用及助淫，是貽害於世也，故必擇人而後傳者，一也。其二，又恐落入江湖騙者之手，搬弄是非，致虎落平原反被犬欺耳。

仙家養生本於科學實驗，每發現吾身有不足處卽刻速速補之，每發現與長生有關處卽刻注意謹愼。古仙見呼吸與生命關係之重要，因此遂有調息法、數息法、觀鼻法、吐納法、服氣法；見神氣與生命關係之重要，因此遂有心息相依法、凝神入氣穴法；見食物與生命關係之重要，因此遂有擇井泉法、蓄雨水法、造玉漿法、服鐘乳石髓法；見日光與生命關係之重要，因此遂有採日精月華法、晨起服東方生氣法；見運動與生命關係之重要，因此遂有五禽戲法、八段錦法、通三關法、轉河車法；見林泉可以避酷暑、穴居可以御天寒、深山可以遠塵囂，因此遂有洞天福地之選；見肉食容易致病、穀食不能長生、熟食每多殀折，因此遂有不吃烟火之志。此皆古仙家全部之學術，今人不彈此調久矣，而愚者曲解之亦久矣。

修煉要旨

再就其能行者分別言之。

第一，心息相依。吾人肉體上最重要之機關卽是呼吸，呼吸若一斷，人立刻死亡，不能稍延時日，故命功當以呼吸功夫爲首務。古仙認爲，人吐出者乃父母培育之氣，吸入者乃天地生化之氣，故靈寶秘法以多吸長、呼短少爲要點。常見人將亡時只有呼氣沒有進氣是其明證。大都市里弄、胡同房屋中空氣多半不潔，凡吐納法、服氣法、深呼吸法皆不可用，僅能做心息相依功夫耳。今人做功夫只曉得守竅、通關或深呼吸、逆呼吸等等，若心息相依神氣合一,則很少有人注意。此法至簡,惟心隨息轉,息綿心寧,法效甚宏,是性命和合之根基。

第二,飲食滋補。常人一星期斷絕飲食,則飢渴而死,故飲食之重要僅次於呼吸。此條包括藥餌補品在內,非僅指每日照例的三餐茶飯而言。因爲人身有許多必需之物質在普通飲食中不易得着。又非只指人參、鹿茸之屬,五穀雜糧、草芝果實皆有應用。但進補品須要有高等的醫藥知識,若一味蠻補,非徒無益,而且有害。

第三,全體運動。徒知飲食滋補不知運動,則機關板滯,消化不良,補品亦難得力,甚或壅塞而成大病,故當濟之以運動。常言藥補不如食補,食補尚需運動,以其生命本身而論也。所謂全體運動者,蓋連臟腑神經皆要運動,不僅運動四肢而已。武術之運動宗旨在對敵,未必盡都合於修養原則,宜於古代導引或近代體操法中擇其姿勢合於修養之原則者行之。總以運動脊髓神經並五臟六腑爲主,四肢不過附帶運動,並非重要。最忌者就是學做大力士及健美運動或爲競賽奪標之運動,此等爭名奪利運動兩敗俱傷,何嘗有人己兩利之效乎? 愚以爲流行最廣泛者以太極拳最爲宜人,既可不拘壯弱,皆能實行,一動無有不動,又可體悟陰陽相濟之理,生發技擊之道。以其柔和舒展極盡人體藝術之美,又深符合自然運動之規律。更加神氣相依漸入虛無境界。此太極拳之內功也。察太極拳以「鬆、空、通」爲不二法門，而鬆、空、通者又何拘於太極拳哉！

第四，端身正坐。心息相依之功夫，凡行住坐臥皆可用功，不限定專在坐時行之。此處所謂端身正坐者，蓋指每天總須有兩三次靜坐功夫，不可有缺。每次至少半小時，至多兩個小時，入定者不限。如勉强延長亦有妨害。心息相依之後宜靜坐，每餐飯後宜靜坐，體操導引之後宜靜坐，雜事之後稍加休息皆宜靜坐。能靜坐卽是功夫。不必於靜坐時更在身中搬弄什麼花樣，以免畫蛇添足。世人每厭惡正當靜坐時，心中常有雜念忽起忽滅，恐擾靜功。其實没有什麼關係。靜坐是身不動，止念是心不動，乃兩件事不可混爲一談。吾人既須應付事務，終日在塵勞之中，如何能使心不動？只先求暫時身不動爲已足，若果身不動功夫長久下去勿使間斷，將來漸漸卽可做到心不動地步，此非短時間事也。心定念止就是性功。靜坐功大可以矯正中年、年老以後的上實下虛、頭重脚輕之病，又可以治性情浮躁之病。頗有合於老子「虛其心，實其腹」「重爲輕根，靜爲躁君」之旨。最忌的是在靜坐時於身體内搬弄許多花樣，以求假熱鬧，就像江湖賣技之流所表演之花拳綉腿，雖能博得看衆喝彩，却非實際基本功夫，識者所不取也。凡習端身正坐者，只要不歪不靠，自小腹以上端正挺直卽爲合法，但周身肌肉筋骨要完全放鬆，不可有一部分緊張。至於盤腿垂腿、握手放手、開眼閉眼、卷舌舒舌、垂簾觀鼻等等皆不關重要。世人專在這些小節目上注意而不研究靜坐之原理，所以靜坐多年功夫却難得進步。甚至於當靜坐時身體或面部顯出可怕可笑之奇形怪狀，彼等反誤以爲功夫有效驗，並且各處宣傳，教人如法炮製，可謂一盲引衆盲也。

養生小術遠非金丹大業

以上諸條僅是養生小術，遠非金丹大業。所貴者乃是陳攖寧先生所倡導之仙家講科學、重實驗、看實效之精神。遂勸今人重其本，顧其末，查其源，問其流，方避「盲人騎瞎馬，半夜臨深池」之殃。攖寧先生生前每嘆「一葉障目不見泰山」，常慮「騎驢找驢」之弊病。雖時過境遷，古之鑑猶今之鏡也。先生羽化近三十年，余亦列於老邁，振興仙學之重任當委於後來者。幸於今日科技發達，文明進步，研究仙學者甚衆，倘眞博採古往今來衆家之長，分析比較，去粗存精，去僞存眞，則可望來日碩果纍纍，利人利己，大同世界和平安寧，亦足陳先生之宏願也。

隔岸閒談——兼致震陽道長

胡海牙

《氣功與科學》一九八九年第十一期震陽道長答唐鐸修士問，其中涉及到道家南宗及我的文章，讀罷自覺言猶未盡，遂附上一文以作參考，便於研究討論。

先天一炁本是物質能量信息的統一體，神仙則是自覺覺他的不測之物。道理是一貫的，道法是圓融的，道術是靈活的。性命本是一物，不必斷然分開。所謂先性後命，或先命後性，是爲聰明人預備，亦不過幾句言語。而按圖索驥，規矩條框，則爲平常人易於接受。又以應用而論，方法不分高下，而在方便。

古代仙學著作中之名詞術語極多，又每爲隱語譬喻，學習起來更加繁難。一詞多用者，如「神水」，在許眞君《石函記》中《聖石指玄篇》云「鉛砂摶成如土塊，六一固濟相護愛；用火煅煉一晝夜，火滅烟消土化灰；騰鉛倒裝入灰池，火發鉛熔化神水」，這是天元丹法的「神水」；白紫清《地元丹訣》云「華池神水，神水眞金，閃灼先天，發洩乾金」，這是地元丹法的「神水」；朱癡伯《金火燈》云「生鉛但有壬水癸水，既成白金，其中方有神水」，這是黃白術的「神水」；張紫陽《金丹四百字序》云「以鉛見汞名曰華池，以汞入鉛名曰神水」，這是人元丹法的「神水」； 曹文逸靈源大道歌云「神水難言識者稀，資生一切由眞氣」，這是清修法的「神水」。 雖然同是一個名詞，却非指同一般物質。 又有多詞一用者，如陰陽、鉛汞、坎離、乾坤、天地、水火等，有時皆指一物，可以相互替代。 學者不可不詳辨焉。

養生史上很多問題都應有個着落，各派學術更當有人整理耙疏，不然總致盲人摸象，惜哉！ 又「派別」是歷史事實，物以類聚，不宜盲目一概否定，只是名詞概念應當清晰。再者，「派」是史學評論家的蓋棺定論，爲的是便於研究，活人不必捨不得這頂帽子。

燒煉的未必不靜坐，養神的未必不導引。 今世只知伍沖虛之仙佛合宗，不知其燒煉外丹之辛苦； 倘張伯端不見三元丹法的全貌，必寫不出悟眞篇那樣玄理簡明的好文章來； 衆言白玉蟾乃南五祖，攖寧先生考證他却清修證果。 大匠示以規矩，豈以區區宗派約束耶！

由此可見，世間一切事業若無眞實傳授之方法、事實之經驗、精透之道理、博廣之學問、兼及衆美於一身之人才，則必不可以繼承之而光大之。 有志之士當勇擔此重任也。

做功夫名詞越少越好，乃是便於抓住根本； 做文章名詞越多越好，但也須「若網在綱，有條不紊」。 世間「明心見性」功夫，以禪宗最爲高妙灑脱，全眞北宗以玄關一竅謂之，李道純、黃元吉等又稱爲「透中黃」，亦妙絕。 因爲性靠自悟，不必多設機關，纖雲弄月；

更莫用術士相面拆字的法子： 愈辨愈使人頭昏腦脹，不究其本，只事枝節，則大道愈晦。

人之所以能够有空閒坐下來研究，就要具有必須的經濟基礎作保證。科學家不能長年終日不食五穀而專心致志鑽研原子彈，亦不能在農貿市場作某項爆炸實驗，更不能沒有理論指導而「炸着玩」。故此「財侶法地」，是極其淺顯的道理。

丹經上說：「男子修成不漏精，女子修成不漏經。」其着眼點在長生，而平常人之着眼點在養生，志向不同，不可勉强。攖寧夫子早年在仙學報刊答讀者問中曾談及陳師是道教學者，絕非出家人，故見解不同，論述極其透徹精彩，今雖輯入道教與養生，不妨摘錄之：「精關非不可閉，然亦不必急急求閉。卽以世俗而論，富厚之家，重在保守；貧窮之人要能賺錢，徒知保守，而不善於賺錢，雖一錢不用，仍舊是個貧人，又何濟於事。假使一人每月能有百元進益，縱每月用去十元廿元，尚有八九十元可以儲蓄，固於大體無傷，年歲久遠，亦可以變爲富人。若每月有千元收入者，卽使每月用去百元，不損其十分之一。若每月沒有收入者，則非用自己老本錢不可，甚且擔負債務，終至破產。所以理家財，以開源爲第一義，節流爲第二義。能開源又能節流更好；能開源不能節流亦無妨；不能開源僅能節流，雖可獲益，頗嫌微末；既不能開源，又不能節流，只有坐以待死耳。」「上乘工夫，直截了當，簡易圓融，本不分段落。昔人爲初學方便說法，勉强分作三段。第一段雖名爲煉精，但不可著在精上。若執着後天有形之精，當作一件寶貝，拼命的死煉，用火愈多，則濁精愈不能化。遺精尚是小事，就怕關在裏面捨不得放他出去，無法使之化氣上升，濁精與邪火混作一團，攪擾得身心極不安靜，其害更甚於遺精。」以上兩段，一爲養生，一爲長生。長生者以永久閉精勿洩爲第一要義，然在已破體之人，亦須用漸法，緩緩行之，以穩健爲貴。「當知此事，要量體裁衣，因人說法，不可執一以概其餘。傳道者須有超群之學識，受道者須有天賦之聰明，然後循循善誘，由淺入深，歷盡旁門，終歸正路。不廢夫妻，偏少兒孫之累；不離交合，能奪造化之權。世有豪傑，不甘爲造物陰陽所播弄者，當有味於斯言乎！」

以上文字僅僅是一家之見，仲尼謂述而非作。我並不以我目前的知識爲已足，亦多有未知、未見、未明者，可惜當年没有珍惜同老師相處的寶貴光陰，很多問題尚未深入探討，以至認識上不深不明不透。況且現在許許多的舊課題都面臨新觀點、新知識的挑戰，時過境遷，萬物繁衍，凡此種種依然有重新認識的必要。我也每以「活到老，學到老」自勵，只是精力有限，只好將傳統的見解原原本本貢獻出來，以利於後人的品評，且就教於方家等云云。

仙學口訣舉要

胡海牙　輯

一、天元丹法

天元功夫大概有關於身心性命。命卽是呼吸之息，性卽是靈覺之神。修煉此種功夫，開始要靜坐，使脊骨正直，然後再調勻呼吸之息，同時須停止雜念，而入於虛無。於是呼吸漸漸輕緩，最後至於停止呼吸，在一定期間可以達到某種狀態。空中有靈質名曰先天炁者，其微細更甚於電子，凡宇宙萬類皆由此而生。所以名爲先天者，因天地亦由此氣而成形也。

修道者若能常常收攝先天一炁，非但能保持不老，並且可以返老還童。達到某一時期，其元神亦能變爲實體，而現雙身之我相。在第二我之化身，或顯或隱，皆由己意。又能於幾秒鐘内行數千里路程，無論何人，皆能見之，並能與之接觸，公認其與某修士本人無異。卽使本人之朋友或親屬遇着，亦不能分別誰是凡體、誰是化身。彼時此異人之生命可由自己作主，而不受造物所支配矣。

天元丹法，「獨坐孤修，致虛守靜」，比較容易實行。自己要做就做，不必徵求對方同意，也不必定要廢棄人事，見效雖遲，流弊較少，我們提倡的，就是這一派。

此種丹法最要緊的，就是「玄關一竅」，既不是參同、悟眞之法，亦不是沖虛、華陽之法，乃是陳希夷、邵康節他們流傳下來的。

清淨功夫，做得好，能出陽神；做不好，只可出陰神，卽能投胎奪舍，不必另外做專門投胎奪舍的功夫。古人雖有專從閉息、鑑形、存想等法下手者，其法亦未必就勝過清淨功夫。

先師攖寧先生於民國五年，住在北京西四牌樓大拐捧胡同跨鶴呂祖觀中。有一道士，年已五十幾歲，當彼三十歲時，卽患陽痿症，閱二十餘年不愈，常戚戚於心。先師慰之曰：「君是出家人，對此可不必注意。」彼曰：「不管出家在家，衰弱病態，總不相宜。」彼在呂祖觀做靜功一年之後，有一日笑而告攖師曰：「二十餘年之『痼疾』今已愈矣。可惜我是道士，若是俗家人，尚可望生子矣。」

由此觀之，年長而身弱者，清淨功夫亦足以補其虧損，不必定要做栽接之術。世間修煉同志，常認爲年老之人，非用栽接不可者，未免固執偏見，不識清淨功夫中有先天一著玄妙也。

二、論藥

經云：「上藥三品，神與氣精。」此謂維持人體康健聰慧之三物也。精者，人體之液體，而含膏黏性物質在內者；氣者，膏黏性液體爲火性薰蒸熔化而成者，如水蒸氣類；神者，由蒸氣類物質再化爲目不可見者。精、氣目可見，而神不能見。蓋此三物，常循環施化流行於人周身。其充足，人賴之以生；其減少，衰老病死隨之來。此三物豈非上等妙藥乎？

或云：普通謂藥，服餌而致用，以祛病延齡。吾謂：神與氣精，人身本具，得之天然，非外服者可比。

又云：此三物，多者不能使其少，少亦不能使其多；衰者不能使其健，健亦不能使其衰。亦惟聽乎自然，任以造化，未聞有人將其當藥服之。復謂：此常人之見。仙家妙用，貴在用逆，其自有妙法可以使其作藥服之而却衰老病死之患，故謂其爲上藥耳。

修煉者謂藥，常有小藥、大藥、內藥、外藥之分。陽關未閉之前，靜極生動之時，活子時來，卽謂小藥；採小藥築基之功已畢，陽關已閉，再於「天人合發」處，「靜極生動」時，採取「先天一炁」，此謂大藥；體內三寶，神與氣精，內藥也；先天一炁，虛無中來，外藥也。

又謂，凝神入坤臍而生藥。即凝神入氣穴，心腎相交，水火旣濟，到活子時來，即是生藥。此藥亦「先天一炁從虛無中來」之謂也。

如此諸論，內具妙義。學人宜愼思明辨，方知其中三昧，惟不宜拘泥也。

三、採小藥妙訣

古云：「服氣非伏氣，服氣須伏氣；服氣不長生，長生先伏氣。」此言下手用功時，靜極陽生，活子時現，外腎翹舉，小藥乃產，須用伏氣口訣採小藥歸爐，可利長生也。此伏氣，乃蟄伏之伏，非普通傳授之小周天服氣循任督上下運行法，亦不同於世間流傳「吸氣入腹遂即閉氣不出」法。此仙家之養生眞妙訣也。

訣曰：「一吸便提，氣氣歸臍；一提便嚥，水火相見。」一遇陽生活子時至，小藥產生，即用訣：以鼻吸氣，同時陽物回收上提，兩般作用會合於臍內，然後將口中之氣與津液混合如吞嚥食物狀與吸提之氣相合，水火自然相見，自身坎離相交矣。

四、火候

一般所謂火者，人之意念也，即人之心神所注重者。世間流傳有諸多守竅功夫，如守印堂者、守頂門者、守臍下者、守海底者等等。各家所守皆有不同。但凡是心神專注之處，即火力所到者也。各家守竅之法，雖非高明，然用之得當，亦頗具功效。若謂火候，有一譬喻，如人之煮飯，火太小則飯不熟，火太大則飯變焦。若要飯熟而不焦，這就要掌握其中火候。修煉之理，亦復如是。然至具體運用，古人留有「讀盡丹經千萬卷，自古火候無人傳」「古人傳藥不傳火」之語，可見非師傳不可，此處難以盡言。惟學人初下手做功，寧可用之不及，切勿太過。亦同煮飯之理，飯若不熟，尚可添火；飯若變焦，則補救乏力也。

五、玄關一竅

黃元吉先生樂育堂語錄云：「吾示玄關一竅，是修道人之根本，學者之先務。不比中下二乘說竅，有形可指，有名可立。」又云：「玄關一竅，是先天混元一炁之玄關，了無聲臭可捫、色相可見。此最上上乘煉虛一著天機，從古仙子，鮮有下手之時即悟入此際者。」先師攖寧夫子云：「所謂玄關一竅者，既不是印堂眉間，亦不是心之下腎之上，更不是臍下一寸三分，執着這個肉體在裏面搜求，不過是些腦髓、筋骨、血脈、五臟、六腑、穢污渣滓之物，固然不對。撇開這個肉體，在外面搜索，又等於捕風捉影，水月鏡花，結果毫無效驗。著相著空，皆非道器。學者當於內外相感、天人合發處求之。此是實語，不是喻言。」張紫陽金丹四百字云：「此竅非凡竅，乾坤共合成；名爲神氣穴，內有坎離精。」又金丹四百字序云：「要須知夫身中一竅，名曰玄牝。此竅者，非心、非腎、非口、非鼻、非脾胃、非穀道、非膀胱、非丹田、非泥丸。能知此一竅，則冬至在此矣，藥物在此矣，火候在此矣，沐浴在此矣，結胎在此矣，脱體亦在此矣。」

六、性與命

性命本無二，就其「靈機」而言，曰「性」；就其「生機」而言，曰「命」。吾人身體，猶如一盞油燈，燈中之油卽「命」，燈之光卽「性」。若有燈無油，燈必不發光，可知無命不足以見性。若徒知保存燈中之油，而不善發揮光明之作用，仍處黑暗，亦何貴有此燈乎？可見，性命乃互相爲用而不可分離者也。

佛家重煉性，一靈獨耀，回脱根塵，此謂性長生；仙家重煉氣，遍體純陽，金光透露，此謂氣長生。

或問：　初學之人性與命孰重？　答曰：　命爲重。　譬如暗室之中本有一盞燈，燈中油量充足，奈何室中之人不得其法，不能令燈發光，雖有燈而依然不免黑暗之苦。　忽來一人教伊點燈之法，一舉手間頓覺滿室生耀，從此踏進光明之路。　設若室中本有燈，或雖有燈無油或雖有油而油量不足，縱能了解用燈之法亦不能大放光明。　由是可知，性無命則不立，離命卽不足以見性。　有命而性自在其中矣。　故曰：「命爲重也」。「添油宜及早，接命莫教遲。」修道的人，能得形神兩全最上。　如其不能，先做性功以全神，等到有機會時再做命功以全形，亦無不可。

先修煉心以明性，後修煉形以立命，其秘要只是內守虛無耳。　仙家以煉氣爲煉羽翼，神定氣足則羽翼已成。

七、辟穀與成仙

無論何種斷食辟穀之法，僅可以解決喫飯的問題，而不可以達到成仙的目的。　如果眞到生活困難的時候，不妨借重此術，逍遥物外，免致仰面求人。　若欲專恃辟穀術爲修道之梯航，非古仙之本意也。

做命功能結內丹，做性功能入大定，則不必求辟穀而自然辟穀矣。　中年人身體上總有多少虧損，倘不從積精累氣下手，如何能結丹？既不能結丹，如何能出陽神？然積精累氣之作用，須要從食物滋養中煉出精華，譬如從幾十斤鐵中煉出一斤鋼來。若下手就斷食，是鐵尚未有，鋼從何來？豈非永遠無結丹之希望乎？

辟穀之法雖佳，但非人人能用。故只可爲上智說法，中材以下，難知難行。若信辟穀足可以解決普通人類爭食之問題，仍是一種理想。惟少數修仙學道之士，隱居深山窮谷，食物運輸，深感不便，儲蓄乾糧，常憂匱乏。辟穀之方，正爲此輩而設。

八、論眞空煉形法

煉形之法總有六門：其一曰玉液煉形，其二曰金液煉形，其三曰太陰煉形，其四曰太陽煉形，其五曰内觀煉形。若此者，總非虛無大道，終不能與太虛同煉。惟此一訣乃曰眞空煉形，雖曰有作，其實無爲，雖曰煉形，其實煉神，是修外而兼修内也。

眞空煉形法云：「夫人未生之先，一呼一吸氣通於母；既生之後，一呼一吸氣通於天。天人一氣，聯屬流通，相呑相吐，如扯鋸焉。天與之，我能取之，得其氣，氣盛而生也；天與之，天復取之，失其氣，氣絕而死也。故聖人觀天之道，執天之行，每於曦馭未升暘谷之時凝神靜坐，虛以待之，内捨意念，外捨萬緣，頓忘天地，粉碎形骸道家常有「粉碎虛空」「粉碎形骸」等語，不過忘物忘形之意耳，不可拘泥「粉碎」二字。自然太虛中有一點如露如電之陽，勃勃然入於玄門，透長谷而上泥丸，化爲甘露而降於五內。我卽鼓動巽風以應之，使其驅逐三關九竅之邪，掃蕩五臟六腑之垢，焚身煉質鍛滓消塵，抽盡穢濁之軀，變換純陽之體，累積長久化形而仙。」

「蒸融關脈變筋骨，處處光明無不通」，先蒸發而後方能融化，常常融化不要讓他堅硬，而後方能慢慢地變換，這個功夫就叫做金丹換骨。處處光明，卽是孫不二女丹經中所說「元神來往處，萬竅發光明」的意思。

果能常常凝神斂息，醞釀薰蒸，不久卽可由造化窟中，採取先天一炁。孔子云：「先天而天弗違。天且弗違，而況人乎？況於鬼神乎？」

九、論雜念

雜念不可起，念起則火燥；　眞意不可散，意散則火寒。

雖說初下手要除妄念，然決不是專在念頭上做功夫。若一切不依、一切不想，其弊必至毫無結果，令人失望灰心，是宜熟思而明辯也。

凡靜坐遇有雜念紛擾，最好是不去管他，只要身體穩坐不動，任他雜念急起急落、思前思後，等到坐過半個鐘頭或一個鐘頭之後，雜念自然就慢慢的平息下去了。中間猛然一覺，雜念全消，這也是靜坐時常有的現象，用不着勉强制止。

做功夫的時候，雜念紛擾，已經令人厭煩，再加之去雜念這個念頭，又是一個雜念。譬如兩個人在打架吵嘴，已經在那裏難分難解，旁邊又添上一個强迫勸和之人，三個人鬧成一團，如何能弄得好？勸和原是美意，總要等他們兩人火氣漸平，用權巧方便之手段，一勸自然息爭，勞神費力，强迫勸和，手段未免太拙。

如何纔能無雜念？答：第一步，身體不動；第二步，念頭不動；第三步，把自己身體忘記，不知道有「我」。

十、防偏之法

玄談集中極力主張謂：「凡諸好道者，在做功夫時，若遇色身上有何種變化，或有不舒適之感覺發生，可急『心息相依』在外面虛空之中，久之色身方面只有和平舒適，而決無太過不及之弊及其他一切不良之影響。」此法甚爲妥善，蓋卽古人眞空煉形法之遺意，其原理是利用空中的眞陽，來調劑人身偏枯不和之弊。老子所謂「外其身而身存」，卽此意也。祈注意及之。

簡談靜功

胡海牙

靜功，又稱內功。它的歷史，幾乎和中國的文明史一樣古老。早在五千年前，中華民族的祖先軒轅黃帝在治理天下的同時，經常和他的大臣們討論醫學和養生的各種問題，後來人們對這些言論加以記錄和整理，編成了著名的黃帝內經，內容深邃博大。卽使是現代科學飛速發展的今天，也没有人能對它的觀點提出挑戰。而在防病治病、却病延年等領域，仍發揮着重要作用。這部巨著對靜功有着大量的原創性論述。到了近三千多年前的周朝，靜功的理論和方法已經非常成熟，靜功的實踐也在社會上非常盛行。此時成書的道德經、莊子及其他許多著作都被後世奉爲靜功理論的圭臬。以後歷代養生家對靜功又有了更深入的發展，留下了數千種珍貴的著述，而且形成了許多門派。

我們通常所說的靜功指的是靜坐功，其實靜功遠不只這些，只要做到精神專一，神氣內守，行住坐臥都可做功夫。比如，太極拳就可以作爲一種高級的靜功來練。俗話說：「打拳不練功，到老一場空。」太極拳講究的就是外形鬆軟慢，內勁輕靈活；動是命，靜是性。太極拳是性命雙修的運動。太者大也；極者至也；太極者，靜到極點，柔到極點，然後纔能快到極點，硬到極點。練拳時，「刻刻留意在腰間，腹內鬆靜氣騰然；尾閭中正神貫頂，滿身輕利頂頭懸」。其實，上乘內功豈止留意在腰間，而是要神氣意貫足，充滿全身，繃如彈簧。外物來襲，如錢投鼓，如球碰壁，鏗然彈回。拳經云：「一粒金丹到指端，指端力似電。」道經云：「一粒金丹吞入肚，始知我命不由天。」太極與靜功，二而一，一而二，體一而用殊。我跟先師陳攖寧先生修習仙學多年，練太極拳也有半個世紀，如今雖然年已耄耋，仍然忙於醫務活動，論其功，歸於太極拳和靜功而已。不過初學靜功的人，從靜坐開始容易見效。

學習靜功，對現代人來說非常重要。從中國養生學的立場來看，生命是精、氣、神的統一體；精、氣、神中，氣能量是生命的本質。我們的每一項活動，甚至一個眼神，一個念頭，無不是消耗體內能量的結果。人體能量的枯竭，就是死亡；失去了生命能量的身體只不過是僵屍一具。人生活在世界上，爲了工作、金錢和名譽，常常在過度地消耗自身，導致早衰。

爲了確保我們生命的活力和健康的體魄，我們還需要通過運動來補充和平衡身體各部分的能量。一般來說，人體的運動有三種形式：肢體運動、體液運動如血液循環和經絡的運動。體育運動的目的是爲了通過肢體的運動，加快血液循環，從而增加細胞的氧氣和營養供應。但這對於有些人來說並不合適。中國傳統的靜功和太極拳是身心合一的運動，它不是通過肢體的大幅度的快速運動，而是通過意識對氣能的作用來舒暢體液和經絡的循環，抑制內臟和大腦的過度消耗，使其處於主動的休息狀態。多補給，少耗損，使貯能大於耗能。這種運動方式安全可靠，做得好，長期堅持，一定能使人煥發青春，延年益壽，精力百倍，其樂無窮； 做得不好，也不至於出現偏差，產生危險。

靜功，靜是關鍵。這裏的靜，就是「入靜」，就是要做到「內想不出，外想不入」，做到心靈寧靜，沒有任何雜念。我們不要把入靜片面地理解爲肢體靜止不動，其核心是神形相守，神氣相注； 神行卽氣行，神住卽氣住； 目無所視，耳無所聽，心無所知，窈窈冥冥，昏昏默默，乃至停息停脈。最後，靜極而動，眞氣發生，脈絡通暢，立證大道之妙。

要達到入靜的效果，首先要選擇好適當的姿式。練靜功，採用坐式或臥式或站式，完全可以隨各人自便。總的來說，採用的姿式要使周身放鬆，不使它局部緊張，不讓它有絲毫拘束。這樣坐的時間雖然長久，心中並不厭煩，身上也沒有酸痛、麻木各種難以忍受的情況。如果採用坐式，無論是盤坐還是端坐，都要做到空靈沉穩，含胸拔背，直而不僵，鬆而不軟。至於手印該如何做，是左手在上還是右手在上，是掌心向上還是雙手扶膝，盤腿是單盤好還是雙盤好，是左腿在外還是右腿在外，這些都是無關宏旨的細節，可根據個人意願和條件而定。至於什麽時間練功合適，可以根據個人的情況而定，白天或夜晚都行，關鍵是要持之以恒。

意守的問題，在靜功修煉中也是至關重要的。幾十年來，在我個人的修養實踐中，在我指導學生和病人進行靜功練習的過程中，我對社會上比較流行的意守法都作過研究和實驗，發現它們都難以避免弊端，對初學者來說，不容易做得好。比如，很多人練靜功主張守下丹田，長年累月，將全身精、氣、神團聚在下丹田一小塊地方，難免出現這樣或那樣的問題。對年輕的男性修煉者來說，尤其不容易做好，他們大多有配偶，萬一守得不得法，元陽遂衝關而出，不但前功盡棄，而且其損失比未練任何功的人都要大。先師陳攖寧夫子曾對此打比方說，譬如你將所有的金銀財寶不肯分散放置，偏要全部收藏在一個箱子裏。有朝一日强盜撞入，逼你打開箱子，將其中所藏搜刮盡淨，你一下子就變成一貧如洗的窮人了。不如將貴重之物分散收藏，縱令遇有危險，喪失一部分，其他部分還歸你所有。守祖竅兩目之間的法門也比較多見，但有的人守祖竅，把握不好，守出了毛病。我就遇到過因守祖竅而患眼肌痙攣症者。所以，如果只守丹田，難免出毛病。提起「丹田」，人們爭論也很多，就我來看，丹田無定處，「流遍周身不停滯」，全身上下都可能是丹田。哪裏發揮了作用，哪裏得氣，哪裏就是丹田。

從以上的觀點出發，我總結了「守皮膚」的意守法。就是將意念放在周身的皮膚上，使其神氣貫足，感覺就好像全身浸在游泳池中一樣。到一定程度，修煉者會感到氣息似雲霧蒸發，散佈在全身皮膚的無數毛孔之中，無形之氣自然凝聚，百脈通暢，營衛全身，持而久之，定能感到精神百倍。

修煉者練習守皮膚的功夫，每次可長可短，不管練得長還是短，都有一定好處。不過入靜的種種效果一般要在三十分鐘後纔會出現。所以，每天至少有一次要做到三十至六十分鐘。

對靜功功法，古人胎息銘總結得甚好：「三十六嚥，一嚥爲先。吐惟細細，納惟綿綿。坐臥亦爾，行立坦然。戒於喧雜，忌以腥膻。假名胎息，實曰内丹。非只治病，決定延年。」要做到「呼吸微末而勻」，從守皮膚入手是比較容易的。

以上談的是靜功修煉的初步功夫，至於中級和高級功夫，還要在煉好初級功夫的基礎之上方可學習，尚有待與有志者交流。

仙學拾遺

胡海牙 輯

以道而言，愈融合則範圍愈廣，儒釋道仙四者原可互攝。以術而言，愈分析則領域愈嚴。道是宇宙萬物所共有的，法是人類智慧所發明的，術是依法證道或護法行道之種種手段。

道是天地萬物的本源，又是宇宙的原動力，也是大自然的規律。德就是「得於道果」的意思。以道和德作爲一個事物的兩個方面，兩者是整體和局部、一般和特殊的關係。

「無爲而無不爲」即是道的本性，也是道的現象，同時又是道的作用。

淮南子原道訓：「所謂無爲者，不先物爲也；所謂無不爲者，因物之所爲。」

若煉神通，必定先經過長生這個階段。倘若不能長生，決沒有眞實的神通發現。若徒持思憶功夫，將自己的神搬弄出來，那個神沒有同物質在一處煅煉過，是個無影無形的東西，仙家名之爲陰神，毫無用處，亦不能沖頂而出。

所謂幻境者，乃身中陰魔乘機竊發之種種景象，或使人愛戀，或使人恐怖，或起瞋恨，或感悲傷，或令人誤認爲神通，或引人錯入邪路，甚至神志昏迷自殘身體，偶有見聞妄稱遇聖，凡此類皆是幻境，必宜掃除。不經法眼終難辨別，所以學者要從眞師也。

或謂頭有白髮，面似嬰兒，是爲鶴髮復朱顏，此言誤矣。修煉家若行先天功夫，雖白髮亦必變成黑髮。苟髮不變僅面容紅潤，此乃後天之功，或行採補之術耳，神仙不如是也。世俗所謂鶴髮童顏，乃門外語。

仙學簡而要；仙學以生理變化心理；仙學以色身冥通法界；仙學在打破虛空。

神仙之學有四大原則：第一務實不務虛，第二論事不論理，第三貴逆不貴順，第四重訣不重文。

學仙緊要

胡海牙　輯

生死大事，只許「了」，不許「逃」。「了」是徹底解決，乃神聖之事業；「逃」是掩耳盜鈴，乃幼稚之行爲。

人生所以要修道者，貴在能改命耳。若一切聽之於命，則道亦可以不必修矣。世上常有百歲不死之人，書中斷無百歲不死之命，故修道者不言命也。

眞實功夫，非空談亦非理想，惟證方知。既非片語能明，且筆墨亦難宣達，須經多次辯論，多次實驗，又要學者夙具慧根、苦心孤詣，方可入門。若一一寫在紙上，反令活法變成死法。世人性情不同，體質各異，學此死法適足致疾，非徒無益而有害之，將何耶？

只有智慧而無毅力，雖可以見道而不能成道；只有毅力而無智慧，又恐怕認不清大道而誤入旁門。

試看古今道書所講，大概不外三件事：一鋪張玄妙，二隱藏口訣，三勸勉修行。若問及學人的生活環境，飲食起居，要合於那幾個條件，纔能正式做煉養功夫，倘與某種條件不合，對於做功夫是否有妨礙，各家道書從來不注意到此。因爲中國以前社會情況和現在大大兩樣，今人所感受的，古人或許夢想不到。人生今世要想修道，必須注意自己環境，並社會狀況是否適宜，切勿徒知責備功夫無效。

明師是指人而言，不是譬語。性功可以自悟，命功不能自悟。而且性功定要自悟，言語文字都不相干，如何可以傳授？命功是有作爲的事，雖得傳授尚未必能實行，況無傳授乎？

邪人行正法，正法悉歸邪。

佛家心性之理可以自悟，仙家修煉之術決不能自悟。縱然得遇明師傳授口訣，尚要刻苦試驗，方可有幾分希望；縱然本人有志刻苦，尚要外緣具足，方可許你試驗；縱然外緣具足，尚要自己道力堅定，方可不被外緣所誘惑；縱然道力堅定，尚要學識精深，方可不致弄巧成拙。

世間流行的平坐守眉間，太乙金華宗旨中有此法，做得好，當亦有效驗，做得不好，便要出毛病，如虛火上升、頭昏腦脹、山根刺痛、鼻淵腦漏等等。或問用同樣方法，如何有做得好、做得不好之分別？曰：此中有種種問題，如性情、地點、職業、環境、思想、飲食等，均有關係，倘能得性情平和、地點幽靜、職業清閒、環境舒適、思想純潔、飲食淡泊，如此之人，做功夫必定容易有效。又雖說是守眉間，亦不可以死守，死守便執而不化，必定出毛病。然不死守則如何？曰：須要「守而不守，不守而守」，庶幾得靜觀寂照之妙諦，則無流弊矣。

道家雖是由生理入手，但是要用方法改變常人之生理。所以他的目的是超人的，而非平凡的；他的學術是實驗的，而非空談的。此處所謂道家，卽是神仙家。

神仙之術，首貴長生，惟講現實，極與科學相接近。有科學思想、科學知識之人，學仙最易入門。

仙學是一門獨立的學術

陳攖寧 著　胡海牙 輯

仙學是一種獨立的學術，毋須借重他教之門面。試觀歷史所記載，孔子生於衰周，而周朝以前之神仙，斑斑可考，是仙學對於儒教毫無關係；佛法自漢明帝方從印度流入中國，而漢朝以前之神仙，亦大有人在，是仙學對於佛教毫無關係；道教正一派始於漢之張道陵，道教全眞派始於元之邱長春，張、邱以前之神仙，載籍有名者，數不勝數，是仙學對於道教尚屬前輩。不能因爲儒釋道三教中人偶有從事於仙學者，遂謂仙學是三教之附屬品。

請問目下基督教、天主教、回回教等，人才亦復不少，設若將來其中偶有一二人性喜研究仙學，居然僥幸成功，吾等肯承認仙學是耶、回兩教之附屬品乎？肯承認耶穌與穆罕默德二位爲仙學之發起人乎？有以知其必不然矣。

中國仙學相傳至今，將近六千年。史稱黃帝且戰且學仙，黃帝之師有數位，而其最著者，群推廣成子。黃帝至今，計四千六百三十餘年。而廣成子當黃帝時代，已有一千二百歲矣。廣成子未必是生而知之者，自然也有傳授。廣成子之師，更不知是何代人物，復不知有幾千歲之壽齡。後人將仙學附會於儒釋道三教之內，每每受儒釋兩教信徒之白眼。儒斥仙爲異端邪說，釋罵仙爲外道魔民。道教徒雖極爲歡迎仙學，引爲同調，奈彼等人數太少，不敵儒釋兩教勢力之廣大，又被經濟所困，亦難以有爲。

故愚見非將仙學從儒釋道三教束縛中提拔出來，使其獨立自成一教，則不足以綿延黃帝以來相傳之墜緒。

余研究仙學已數十年，知我者，固能完全諒解；不知者，或疑我當此科學時代，尚要提倡迷信。其實我絲毫没有迷信，惟認定仙學可以補救人生之缺憾，其能力高出世間一切科學之上。凡普通科學所不能解決之問題，仙學皆足以解決之。而且是脚踏實地，步步行去，既不像儒教除了做人以外無出路，又不像釋教除了念佛而外無法門，更不像道教正一派之畫符念咒，亦不像道教全眞派之拜懺誦經。可知神仙學術，乃獨立之性質，不在三教範圍以内，而三教中人皆不妨自由從事於此也。

陳攖寧仙學初步

讀書窮理

胡海牙　蒲團子

研究仙學學術，雖首重師傳口訣，然並非每一位喜好此道者初涉仙學之門就能得遇明師，故丹經道書、仙學著述亦不可不讀。特別對初學者，陳攖寧先生曾言，讀書窮理最爲重要，不可先求法子。因爲學仙最重要的，是先弄清楚他的根源。只有根源明白了，方法自然容易解決。

觀古今之丹經道書、仙學著述，可謂汗牛充棟，多不勝數，然對於仙學方法上事，皆隱晦言之，明言者概不多也。且道書丹經也有諸多局限，很多著作初學者閱之也較難明了其要。陳攖寧先生在其仙學必成（未定稿）中曾言：「道書雖不可不看，却不可盡信。有些道書，是冒名僞託的陳攖寧按　僞託書中亦有好的材料，要自己善於甄别，根本就無價值；有些道書的作者，對於此道，並未十分透徹，竟大膽的做起道書來，貽誤後學；有些道書，别有作用，做書的意思，是要給當時少數幾個人看的，並未曾替普通人設想；有些道書故意閃爍其辭，指鹿爲馬，不教人識透其中玄妙；有些道書，叠床架屋，頭上安頭，節外生枝，畫蛇添足，分明一條坦途，偏長出許多荆棘；有些道書，執著這面而攻擊那面，或是篤信那面而不信這面。」又其靈源大道歌白話註解讀者須知云：「試看古今道書所講，大概不外乎三件事：一，鋪張玄妙；二，隱藏口訣；三，勸勉修行。若問及學人的生活環境，飲食起居，要合於哪幾個條件，纔能正式做煉養工夫，倘與某種條件不合，對做工夫是否有妨礙，各家道書皆不注意到此。」正因爲諸家丹經道書，多有上述之缺憾，故陳攖寧先生根據自己多年的經驗與觀察認爲，普通知識階級中人，若要求得仙學學術之全部，大約須費三十年光陰，尚未必能弄清楚。因爲有些書看不懂，有些書又買不到，傳口訣的或一知半解，或根本不懂，罕有全部貫通者。若能有對仙學學術有經驗者指導看書，快則三年，慢則五年，就可以得到全部仙學學術的一個輪廓，然後再根據自己的志願，並審察自己的條件和環境，選擇適合於自己的方法，下手用工，方可免誤入歧途。

通過陳攖寧先生對丹經道書的評述，我們可以知道，初涉仙學之門者，就其最基本的讀書窮理工夫，也非易易之事。若要解決這些障礙，我們認爲，學人不妨從以下幾個方面着手，或對研究仙學學術有所幫助。

博覽群書

各種書籍，都有其必然的作用，如果能兼容並收，再進行分析取捨，留取書中之精粹，將有益的內容吸收，將無益的內容捨棄，即使對仙學學術的研究無有幫助，對閱讀者自己的生活、學習、工作，亦必定會產生有益的作用。因爲任何一種書籍此處所謂任何一種書籍，乃指所有書籍而言，並非獨指丹經道書、仙學著述，其中必然會有一些好的內容，甚至其中止有一句話是好的，也就夠了。譬如紅樓夢、西遊記、七眞傳、八仙傳等文學著作，普通人多以小說視之，實則其中頗含許多與修仙學道關係密切的內容，有的是將妙訣隱於一個故事當中，有的是整部小說都在講修仙學道，須全部讀完方可明白其中妙用，有的則只有一兩句話。丹經道書，仙學著述，固存丹訣，其他類別的書籍中，亦含有修仙眞詮，這個只有博覽多讀之學人，在得師傳訣後，會恍然大悟。

按 所以要初學者博覽群書，蓋因其等此時尚未得訣之故。故必須多讀一些書，待機緣成熟，逢師指訣，對書中之妙用，自然融會貫通。到那時，將體會到頭頭是道，亦能感覺到「得訣回來不看書，得訣歸來好看書」之妙。在實行過程中，亦將少走許多不必要的彎路。

相互參研

就丹道書籍、仙學著述而言，仙家最權威的經典當屬被譽爲「萬古丹經王」的周易參同契及南宗始祖紫陽眞人張伯端的悟眞篇兩種。然參同契滿紙「龍虎」「鉛汞」「坎離」，卽使有學問的人看了也不免頭昏腦脹，普通人看了更是不知所云。悟眞篇文理雖稍明顯，然亦皆隱言譬喻，與字面文義相去甚遠，僅從文義去理解，也難明就裏。且此二書註家頗多，有厚此薄彼者，有相互攻訐者，有彼此調和者，有歪曲本義者，更是讓諸讀者無從下手。其他如陰符經、道德經等，莫不如是，若無明師指導，孰難讀懂。此時，讀者不妨相互參考，分類研究。將自己認爲某一本書中有用的內容摘鈔下來，將不能理解或有疑問的內容另行鈔錄，在以後閱讀其他書的時候，對自己鈔錄的內容再進行比較，將不同的論述錄於原鈔之下，將對以前疑問有答案的鈔錄原疑問之後，再根據自己的體會與理解，進行研究比較。對不能決疑的地方，不妨姑存其說，以圖在以後的讀書過程中再求答案。如此反覆不已，當對學問會有一定的看法，待機緣成熟，得逢眞師，一語抉破，得獲玄妙，自然路路皆通，頭頭是道。此處所以要將論述不同者進行鈔錄比較，乃因初學未必能辨正訛，故先存其說，俟逢師指訣，當正誤自明，正知正見便自顯矣。

分別對待

仙學著述中，古籍多深邃難懂，若論最淺顯者，莫若清代出現的黃元吉先生的樂育堂語錄、道德經講義及近代陳攖寧先生的文章。黃著雖被陳攖寧先生所贊許，然其著之弊在於由其弟子所輯，前後反覆，不成系統。其所述道理雖佳，方法却未必是上善之法。此二位先生的著述，多是因人說法，由問道者的具體情況，進行不同的答覆。特別是在黃元吉先生的樂育堂語錄及陳攖寧先生早期的答疑文章中，常會出現同一個話題不同的說法，不同的話題相同的說法；不同的問題相同的答案，相同的問題不同的答案。且對有些話題，在講述的時候，留有一定的空間，以供學人自行參悟。如陳攖寧先生黃庭經講義乃爲王聘三先生所講，孫不二女丹詩註乃爲吕碧城女士而作，靈源大道歌白話註解是對普通學道而言，在揚善半月刊及仙道月報中的「來函答問」則因人不同而論。讀者如果不能根據自己的具體情況進行分析，而一味執著於書面語言，自然難於進步，故定須分別對待。

勤學好問

古人云：「三人行，必有我師焉。擇其善者而從之，其不善者而改之。」任何人都有自己的長處，也都有自己的不足，要善於發現別人的長處，學人之長，補己之短，如此人生便會日趨完滿。修仙學道，亦復如是。遇自己解決不了的問題，不妨向周圍的同志請教，不要拘於年齡、相貌、身份、地位等。仙家常講「道在平常日用中」「百姓日用而不知」。有些仙學問題，或許從身邊的事物就能得到答覆，故不妨常常留意一下自己的周圍及日常生活。前人言：「世事洞明皆學問。」只要能從平常日用中有所體悟，成仙了道也就不遠了。更要時時向前輩長者，有一己之得者學習，不要有成見，不要自滿自大，瞧不起人。須知高人無處不在，或許就在自己身邊。只要常常謙虛誠懇，自然會有滿意的收穫。

靈活運用

對自己從書中得到的方法，在進行實踐的時候，一定要靈活。因爲作書之人自己所講的方法，不一定是爲大眾着想，故並非人人都能完全適合。其間會因各人的生活環境、年齡長幼、社會閱歷、身體素質、文化修養等條件的不同，產生不同的結果。適應於此者，未必就能適應於彼，反之亦然。故不可死守一法，一成不變。應根據自身的條件，進行合理的調整。遇有特殊情況，應當及時處理。要防患於未然，勿待問題發生以後再找對策，時晚矣。

以上幾點，僅是我們對讀書窮理一途的一些經驗之談，供讀者參考之。

入門靜功

胡海牙　蒲團子

學仙入門工夫很多，然基本上都需要有一定經驗的人指導，否則容易出現弊端。惟有靜功一法，比較穩妥，絕少流弊，只要自己能掌握幾個要點，即可用工，亦無須專門的老師指導。即使無有效驗發生，對身體亦不會產生負面的作用。若論學仙好道者入門下手最佳的方法，我們比較提倡靜功。

今之初涉煉養一途的人士，每聞「靜功」二字，便自然與靜坐、坐禪等聯繫起來，認爲靜功就一定得盤膝大坐，甚至講出很多盤腿的方法，如單盤、雙盤、自然盤、天盤、地盤、人盤等。或謂靜功就是盤膝大坐，形如枯木，心如死灰；或云身體坐定後，外形安靜，內用意識，搬運身中，等等。我們認爲，這些不免對靜坐工夫有所誤解。

誠然，在古代，不少修煉之士多用盤坐方式進行修行，但並非惟有曲膝盤腿纔能進入工夫的深層境界。因爲在古代，人們的生活材料相對貧乏，桌椅板櫈之類的生活用品又相對的少有，人們在休息的時候，每以曲膝盤腿、席地而坐爲方便，既節省生活材料，又可消除疲勞。故而那時的修煉者，亦因陋就簡，多以曲膝盤腿爲修煉的方式。今天的生活材料日益豐富，人們在研究製造供休息所用的生活器具時，亦多以人體的生理特點，生產適合生理需要、舒適且能解除疲勞的休息用品，較之古代，有如霄壤。是故，今日用工之士，已無須墨守成規，依然死守古人之法。並且，根據科學研究資料及我們的長期觀察得知，一個人如果長期的曲膝盤腿而坐，將會影響膝關節的正常生理功能，甚至產生疾患，一些修煉家極力倡導的雙盤坐法即五心朝天式坐法尤甚。

煉丹書中所謂的靜坐，雖含有坐功在內，但主要側重於靜。而且坐的本義，也非今天人們所謂的坐。說文解字云：「坐，止也。」清段玉裁說文解字註曰：「止，下基也，引伸爲住、止，引伸爲席地而坐。」由此可見，靜坐不應只看作坐，更應理解爲靜。靜功工夫，也不一定要從曲膝盤腿中得來，歷史上的陳摶老祖從睡功成就，北七眞之一王玉陽眞人從站功得益，就是很好的例子。

陳攖寧先生將靜功的修煉方法分作三步，即第一步，身體不動；第二步，念頭不動；第三步，把自己身體忘記，不知道有我。

開始做工夫的時候，不拘坐臥，惟周身要放鬆，不能有絲毫拘束，也不要有局部的緊張，自己要感覺到十分的舒適。這樣，做到恰到好處時，心中不會有厭煩情緒，身體亦無不適之感。靜功的原則，以身心二者完全休息爲要義，用工的姿式並不重要，盤腿坐可，垂腿坐也可，側臥、仰臥、站立皆無不可。然須注意者，做坐功的時候，身體自腰以上，要正直，不要彎曲，也不要使用僵勁； 四面要凌空，不要有倚靠。做臥功的時候，若有睡意，則任他睡去，不必搬弄各種花樣，强打精神，謂爲克睡魔； 若到半夜自然而醒不欲再睡時，可起床做坐功，或繼續用臥功，直至睡欲又來，再任其睡去。如此久久，睡魔不克而自克。前人言： 初修臥功，有睡無定； 久習之，有定無睡。是故初下手者，於煉功中進入睡境，並無不妥。在用站功或站樁，或隨意站立做工夫時，宜在風和日麗之天，花艸紛繁之所，小立片刻，身體宜直而不僵，兩脚要站穩，不要立於懸崖邊等地，以防工夫做到恰到好處時，精神一恍惚，筋骨一鬆弛，不免有傾跌之虞。故站着做靜功的時候，最好雙手扶在樹上或欄杆上面。身體不動是靜功的第一步，也是最基本的、比較容易做到的一步。

若要做到念頭不動，就相對的要困難一些。因爲人的念頭刹那而變，忽生忽滅，不易安靜，仙家謂此念爲雜念。因爲他對修煉之道頗有妨害，故初下手用工，要先掃除此念。對初入仙學之門者而言，在靜功遇到雜念紛擾時，最好先不要去管他，只要身體不動，任他雜念急起急落、思前想後，等到靜止不動半個多鐘頭之後，雜念自然就慢慢的平息下去了。有時在做靜功的過程中，猛然一覺，雜念全消，這也是常有的事，用不着刻意的去制止。陳攖寧先生在靈源大道歌白話註解讀者須知中，曾提綱挈領地拈出四句口訣：「神不外馳氣自定」「混合爲一復忘一」「專氣致柔神久留」「元和内運卽成眞」。此四句用在靜功工夫上，亦比較貼切。

以上幾點是講念頭上的工夫，卽如何做到念頭不動。至於把自己身體忘掉，不知道有我，這則是功夫深淺的問題。初學者如能依照以上的方法做去，自然會有成功的時候。

陳攖寧先生所提倡的靜功三步法，應是一氣呵成的，並不是强分段落的。我們只所以要分開來，是爲了方便讀者的理解，並不是在做工夫的時候有段落層次。然初學者未必一開始就能將三步工夫貫穿起來，故我們認爲，只要抱着循序漸進的態度，慢慢就會成功。

另外，在做靜功工夫的時候，環境宜清靜，不要太喧鬧；空氣一定要新鮮，不要有其他穢濁的氣味；光線不宜太明亮，太暗亦不合適，最好能陰陽調和，勿使偏勝；飲食調味不宜過濃，要比平常所吃慣的口味稍淡一些，還要注意飲食衛生。至於專門的修煉者，飲食起居、修煉環境等都有特別的要求，此處且不多言。初學者能注意到這幾點亦足矣。

清代薛雪在補註内經知要一書時云：「不根於虛靜者，卽是邪術；不歸於簡易者，卽是旁門。」我們所提倡的靜功，雖然没有諸多的花樣，但經我們長時間的觀察，在養生延齡中，確具效果，今介紹給大家，以供求入門下手之法的初學者。

聽皮膚法眞義

胡海牙　述　蒲團子　整理

眞空煉形法云：「夫人之未生之先，一呼一吸通於母；既生之後，一呼一吸通於天。天人一氣，聯屬流通，相吞相吐，如扯鋸焉。天與之，我能取之，得其氣，氣盛而生也；天與之，天復取之，失其氣，氣絕而死也。」觀嬰兒處胎之時，僅有胎息，鼻不呼吸，及至出胎時，大哭一聲，外界空氣乘隙自口鼻而入，於是後天之呼吸遂操吾人生命之權。其始也，吸入之氣長，呼出之氣短，卽身體日壯；其繼也，呼吸長短平均，身體之發育及此而止；中年以後，呼出之氣漸長，吸入之氣漸短，而身體日衰；臨終之時，僅有呼出之機，而無吸入之機，呼吸若一斷，命根遂斷，人卽立刻死亡，不能稍延時日。可見，呼吸乃吾人肉體最重要之機關也。

普通之人，只知以口食穀，不知以鼻食氣，雖終日亦呼吸不斷，然此等呼吸，粗而短不能細而長，急而淺不能緩而深，誠爲養生長壽之大礙也。仙家修煉，貴逆不貴順，要將普通雜亂無章之呼吸，調整爲有規律的利於人體長壽、長生的呼吸，以至返歸於嬰兒之不用口鼻呼吸的「胎息」。如此，人的生命纔有保障。是故，歷代修煉家下手之初，皆將鍛煉呼吸作爲首務。

世間鍛煉呼吸之法頗多，有調息法、閉息法、數息法、深呼吸法、逆呼吸法、腹式呼吸法以及利用守竅法鍛煉呼吸法等等。方法雖多，其目的無非是通過鍛煉，奪回先天之造化，達到嬰兒處胎時之脈住息停、鼻不呼吸的「胎息」境界。然此等方法，太嫌執著，非先天無爲之大道，且多有弊端。做得好時，自有益於身體，若做得不好，反而於人無益。且此等方法，要達到胎息狀態，多不可能。

仙家修煉，貴在以神馭氣，使神入氣中，氣包神外，打成一片，結成一團。如此，則呼吸歸根，不至於散漫。先師陳攖寧先生曾以「莊子心齋法」爲依據，總結出一套「聽呼吸」的方法。方法雖佳，但心思呆板之人依法修持，仍免不了出現問題。是故，我根據歷代以來前輩高眞的經驗，結合自己多年的親身體會，在先師「聽呼吸法」基礎上，總結了一套「聽皮膚」的法門。即修煉者不拘坐臥，全身放鬆，鬆而不空，空而不鬆，微微將念頭放全身的皮膚及毛孔，聽皮膚毛孔的開闔。皮膚毛孔之開闔，用耳本是聽不見，但將意識放在全身之皮膚毛孔，圓滿似太極拳中的掤勁，則自然會感覺到皮膚是在一開一闔，一呼一吸。如此久之，呼吸之息氤氳布滿於全身，一開一闔，遍身毛竅與之相應，而鼻中反不覺氣之出入，直至呼吸全止，開闔俱終，脈停息住即內家拳所謂不能吞不能吐，如死人然。此即古仙所云「未死先學死」。這個暫時的死能由自己作主，然後長久的生，方能由自己做主。此時外表雖如死人，無呼無吸，脈搏若無存，而其生理上已起了微妙的變化，非但比較死人絕不相同，卽比較普遍活人亦大大兩樣。如是，胎息自然而成，則入定出神之期不遠矣。

今之從事於靜功者常云，不調息便罷，愈調息則愈覺得氣急。這些都是犯了以心逐氣之病。而我們所用的「聽皮膚」之法，則無此弊端。此「聽皮膚」法，較之其他鍛煉呼吸的方法方便，且絕無流弊。只要修煉者依法而行，自然會達到胎息的境界。退而言之，卽使不能達到胎息境界，祛除疾病，延年益壽亦綽綽有餘。再退一步，卽使毫無效驗，也不會有什麽流弊。只要依法去做，就會有效驗。只要堅持，自會成胎息。只要依此法去做，延年益壽，甚至長生成仙，都是必然的結果。關鍵是，很多人都懶惰不肯做，也没有決心去實踐。只要有決心實踐，就應立卽行動起來。這個是自己的性命大事，且莫等待觀望。自己因緣自己了，别人是無法幫助的。

另，聽皮膚尚另有一妙用，然此妙用非爲普通說法，且置之勿論也。

修道要做得靈魂的主人

胡海牙

世上知痛知癢的東西就是靈魂。沒有靈魂，則非有情，則無成仙成佛的根基。然有情眾生要成就神仙大道，必須要做得靈魂的主人。

這番道理，我原來並不懂得，更不知道其中蘊涵的修仙要竅。抗日戰爭前期，我雲遊到天台山華頂住廟，與寺中僧人朝夕相處，談佛論道，你是我非，各有長短。幾個小和尚勸我削髮出家爲僧。我則對之曰：「身體髮膚，受之父母，不敢毀傷。」他們說：「你前世有父母嗎？」我說：「前世有父母沒有，我不知道。」坐在一邊的老和尚，先是一言不發地聽着，末了，食指和中指並攏，敲敲桌面，問我：「這是甚麼？」我無言以對。他便道：「連這個是甚麼你都不知道，還說甚麼？」此語深深地印在我的腦海，久久不能釋然。後來，我到杭州行醫，小有名氣之後，爲了尋求大道，親近明師，將攖寧夫子接到西湖邊慈海醫室家中居住供養，行醫餘暇，隨時請益。有一次，給他講起這件事。夫子跟我說：「他敲敲他的手指，你就摸摸你自己的那根手指，他的問題就回答了。」藉由此契機，我悟得靈魂乃知痛知癢者的道理，也由此窺得修道應由有情相通的靈魂處下手。

靈魂卽知痛癢的東西，反過來，能够主宰痛癢知覺的人，就是靈魂的主人，就是大英雄，偉丈夫。修道不從靈魂上下功夫，難成正果。三國演義第七十五回，寫關公刮骨療毒的故事，其實可以從中借鑑丹訣。

一次，關羽中了毒箭，久痛不愈，請來神醫華佗醫治：「佗乃下刀，割開皮肉，直至於骨，骨上已青。佗用刀刮骨，悉悉有聲。帳上帳下見者，皆掩面失色。公飲酒食肉，談笑弈棋，全無痛苦之色。須臾，血流盈盆。佗刮盡其毒，敷上藥，以線縫之。公大笑而起，謂眾將曰：『此臂伸舒如故，並無痛矣。先生眞神醫也！』佗曰：『某爲醫一生，未嘗見此。君侯眞天神也。』」後人有詩曰：「治病須分內外科，世間妙藝苦無多。神威罕及惟關將，聖手能醫說華佗。」

後人已經考證，關公受傷時，華佗已死十一年。三國志也未言醫者爲華佗。小說家不過是借神醫的精湛醫術及神將的超拔精神，向世人揭示了一番修眞的大道理。大英雄關羽如何做得靈魂的主人，令靈魂出離七情之軛？先生借飲酒吃肉、談笑弈棋轉移注意力，在場部下均掩面失色，而他却神情自若，血流盈盆也無咬牙切齒、汗流浹背之情狀。這旣是命功，又是性功。修煉丹道，要靈魂從肉體軀殼上獲得自由，出入無礙，纔能成功。老子曰：「吾有大患，爲吾有身。及其無身，吾有何患？」這個身，就是那個讓靈魂依戀拘束靈魂的肉體軀殼。靈魂只有做到能夠擺脫肉體的拘禁，纔能免受灾病、生滅之苦。百丈禪師學識淵博，却總是不能開悟，一日聽得流水之聲，豁然貫通，悟得道體。

一個秋日午後，我靜坐在窗前，看風中樹葉翻轉，不覺渾然忘我，回過神來，已是一念三千，過了兩個時辰。忽然醒悟：我從何處來？我從先天一炁中來，先天一炁又從虛無中來；我要回歸先天一炁中去，先天一炁乃吾眞父母。修煉大道就是要入得先天一炁。吾一生研習丹道，亦酷愛太極拳。從兩者的結合中，我參出「影子練法」。先用識神指揮靈魂打太極，最後達到識神隱而元神現的境界。元神可以做得主了的時候，是爲陽神。陽神出竅，仙胎成就，則神仙可企了。

人們常常講長命百歲，道書中講人有一百二十歲壽算可期。吾今雖成「奔百」之人，但吾以爲，其實道成與否，壽命之長短不是成道惟一的標準。壽命長者，非一定修道所致；壽命短者，也不一定修道無果。撇開意外死亡不論，一個人如果修爲到靈魂自主，陽神茁壯，而世間使命已了，俗事了無牽掛，完全可以在任何時候，乘願絕塵沖舉，而棄屍殼爲敝屣。

仙學入手工夫闡釋

胡海牙　蒲團子

陰陽法、清靜法，現在很多人都夾雜不清，厚此薄彼，均非的論。現代之人，大多有社會事務，每天能靜坐些許時間就已經不錯了。現在社會上幾家講陰陽法的，大都是房中術，或者變異的房中術，屬房中術的下乘，不僅於人無益，而且有害。

丹道名詞紛雜，無非「陰陽」二字，故不必多費工夫。靜工入手，逐步做去，待機緣成熟，可試行仙學必成中方法。

清代薛雪曾講過：「不根於虛靜者，即是邪術；不歸於簡易者，即是旁門。」確有至理，當思之。

靜坐方法，很簡單：一是身體不動。即無論採用什麼姿勢，或坐或臥，一旦身體安靜之後，便不可再動。這是最重要的。二是念頭不動。念頭不動一般是工夫到一定程度後纔能達到。最後要做到「忘我」，這個也是功夫的境界。所以，最重要的是「身體不動」。

呼吸不用管，到一定程度後，呼吸會自然調整到一個適合的狀態，與勉强調整呼吸不同。

身體不動，過一段時間後，雜念自然會減少。就像一杯茶水，開水沖泡後，放在桌上，茶葉會飄在上面，等放置一定的時間後，茶葉自然就會沉在底部。雜念也是這樣。沉澱一段時間後，自然會清氣上升，濁氣下降，雜念自少，頭腦自清。

修道常患有家累者，古今皆是。若出家能保證成功，則成功後再回家救度自己的親人亦無不可。惟誰也不能擔保出家就能成就，故出家一説尚須慎重。

現在修煉，與古人修煉不同，許多事情都要考慮進去。比如安排好家人之生活，自己積攢足够修道所用的道資等。還要博學多問，多看一些書，多與有修養經驗之士交流。並且須法、財、侶、地、福五大修道要素齊備以後，纔能正式進入修煉。故當務之急，是解決自己的生活問題；其次尚須多讀一些書，有機會也可從一些基本的工夫開始做去，將讀書窮理與眞修實證結合起來，對以後的學習研究能有幫助。

靜坐最好每天都能做。如果有事間斷，亦無妨。呼吸不要管他，做到一定工夫，自然出現呼吸斷絕，不要勉强去做。只要做到身體不動，其他做起來自然方便。

身上出現的現象，各人不同，最好的辦法是毋忘毋助，順其自然。人生不如意事常八九，靈源大道歌中有一句「應物無心」，可以參考。

耳聽皮膚，是將念頭淡淡地放於皮膚，所謂耳聽者，恐用意過重，致生頭暈等弊端。至於聽皮膚出現皮膚不適，可能還是用意過重，只要有意無意，就可消除此弊。且不要太在意於有無效果，只要能靜下心來去做，就會有效果，不過有時自己感覺不到而已。

日常之中，不管做工夫與否，心能靜下來對身體就有益處。

總之，做靜工工夫，以靜爲主。能靜下來就是好現象。如果無法靜下來，也不要刻意追求。太極拳訣云：「空空洞洞慢慢求。」這也是修道中一個重要的竅門。

聽皮膚法的關鍵在於將自己的意識放在皮膚上，目的是爲了避免守在身中一處時出現的弊端。所謂的一呼一吸對應一開一合，是常理。如果沒有這種感覺，也無妨。只要將意識淡淡地放在全身皮膚即可，不必太勉强。

坐在靜，不在坐。所坐的姿勢並不重要，散盤、坐在沙發上、躺着，都可以。不必一定要用單盤、雙盤。而且，單盤、雙盤對腿不好，所以不要在意坐的姿勢。

做工夫時，如果沒有什麼不適，就繼續做下去。不要太強求出現什麼感覺。每個人的感覺是不一樣的。所謂的一呼一吸對應一開一合，是指一般人的呼吸都有肺的開合，而中醫上肺主皮毛。聽皮膚法是聽呼吸法的延伸，故而也說到了毛孔的開合。其實感覺到皮膚淡淡呼吸是很好的現象，不必去執著一些文字上的東西。如果沒有什麼不適就繼續做，如果有不適則應考慮改用其他方法。

聽皮膚一法，只是將意念輕輕放在全身皮膚，不要再去管呼吸、意念以及腹部是否鼓盪。至於舌抵不抵上腭，並不是工夫的關鍵，不須在意。

守陰蹻法，亦同聽皮膚法，不需注意呼吸、意念及腹部，只是淡淡的守在一處，順其自然，不假作爲。

所謂耳聽皮膚者，卽修煉者不拘坐臥，全身放鬆，不鬆不空，微微將念頭放全身的皮膚及毛孔，聽皮膚毛孔的開闔。皮膚毛孔之開闔，用耳本是聽不見，但將意識放在全身之皮膚毛孔，圓滿似太極拳中的掤勁，則自然會感覺到皮膚是在一開一闔，一呼一吸。如此久之，呼吸之息氤氳布滿於全身，一開一闔，遍身毛竅與之相應，而鼻中反不覺氣之出入，直至呼吸全止，開闔俱終，脈停息住，此即古仙所云「未死先學死」。

「今之從事於靜功者常云，不調息便罷，愈調息則愈覺得氣急。這些都是犯了以心逐氣之病」，而聽皮膚則無此弊端。聽皮膚法，煉精化氣如是，神氣合一亦如是。故我們比較提倡學人從此處入手。

聽皮膚法是在莊子聽息法上改進而來的，如習慣於聽息法，亦可只做聽息法。煉精化氣、神氣合一是工夫境界的問題，如能按正確的方法修煉，應不成問題。

陳攖寧先生曾言：「人之所以修道，貴在修道所以能改命耳。」俗語云：「人逢逆境須進取。」若人人都聽天由命，不思進取，社會還有何進步可言？人活着還有什麼意義？正如學仙的人，目的就是爲了改變人生苦短的自然規律，如聽天由命，修仙何用？

做工夫時不宜吹電扇，更不能用空調。平常用空調受涼的人就多，做工夫時，毛孔大開，更易受涼。

太極拳是好的，與修道一樣，但眞正煉好却不容易。現在以「武當太極拳」命名的很多，是否眞正武當太極，亦未可知。我們編的太極眞銓可以參考。對太極拳煅煉有好處。

氣動現象是修煉中的正常反應，不能說他是好是壞，來之不喜，去之不追，保持一個平和的心態最好。

至於如何對待氣動，勿忘勿助最好，因勢利導、促其加速效果是不可取的。

上坐什麼都不要想，不要多加意念。只要靜下來，自身便會自然與外界接通，用不着想像。

明心見性佛道兩家皆同，惟道家尚有命功一著，而中土佛家純是性功。此其不同之處。

佛家認爲仙家是「守屍鬼」由來已久，究其實際，不過兩家修煉之目的不同而已。試問「守屍鬼」未脫輪迴，那「棄屍鬼」就脫了輪迴？只不過立場不同而已矣。

手淫毛病，青年人多有患者。此事對身體是否有害，各家說法不同。西醫認爲，只要不過於頻繁則可；中醫則認爲，此事對身體有一定的害處。此處且不論其有害與否，今略呈相關對治方法如後。

一是多做運動。每當有慾念產生，即做運動。若晚間或清晨有衝動狀，亦當下床做一些運動。

二是把精力放到學習與工作中去，不要接觸有刺激內容的書刊、文章、圖片、音像等。

三是儘量少食刺激性强的食物，食物味道儘量淡一些。

四是要樹立正確的人生觀，要有理想、有抱負。

精滿自溢，乃人生理之自然現象。普通人一般在有配偶之後，大多就不會再出現遺精現象。做工夫的人當然以不遺爲佳。保精不漏有急進法與漸進法兩種。

所謂急進法，即用火燒煉丹田所蓄之精，漸煉漸化。每當陽興之時，即用吸、提、撮、閉口訣，强制其返還。但這種方法有流弊，故我們不是很提倡。

所謂緩進法，即清身落坐，聽其自然，無思無慮，呼吸優遊。並且，平時尚要心無淫思。久而久之，氣不化精，又何用煉精化氣之法？這種方法比較穩妥，故我們比較提倡。

精當然以不失爲上。然一般人很難做到，特別是有家室之人。所以，一直以來，修煉者都比較提倡節慾，這是正確的。節慾不是斷慾，而是儘量減少房事。

聽皮膚法本來是對初入門者的一種方便法門，不是說人人必須用這種方法。築基是要達到無漏的，但似無「享受交媾之樂」的說法。因爲修煉是一種苦行，哪有既享夫婦之樂又得仙道之果的道理？丹經上所說的「交媾之樂」，大約是指工夫到某種境界後，身體中會出現一種感覺，不是指眞正地在交媾中得到工夫。

「濁精無用」之說不知出自何處，古人講「積精累氣」，是不分先天元精與後天濁精的。因爲後天濁精也是先天元精所化，流失太多亦要傷其本元的。所以普通人夫妻生活要少，也是這個道理。修煉者更要愼重。

欲補衰弱之陽氣，有急進法與緩進法。煉精化氣是急進法，多有流弊。我們提倡從靜功入手。即身體不拘坐臥，心無思慮，旣有亦任之，身體不動，念頭不動，忘記自我。此法無有流弊，且對身體極有益處。

生病並不可怕，可怕者，生病者自己失去信心。故生病者一是要有一個樂觀的情緒，開開心心，把一切煩惱事都放下；　二是多做一些緩慢柔軟的運動，不要一味的靜，但亦不宜劇烈運動。在生活上不要暴飲暴食，以清淡食品爲主，但也須各種營養搭配得當。

仙學中的入世法門，即今日所談的養生之術；　出世法門，是仙學獨有的內容，方法大多不宜公開宣講。

聽皮膚的方法對慢性疾病的恢復有幫助，至於修煉時間的安排，可根據各人的不同情況具體決定。坐的時間不宜太長，臥功則無所謂時間。

在煉功中守竅用意念，我們都不提倡。這些方法做得好時，自然有益；　如把握不好，則弊端重重。

參同契一般人看不懂，現在眞正懂的人也不多。現在有很多人都講解參同契，但大多連其最基本的東西都不一定能掌握。陳攖寧先生參同契講義，雖講得較爲明白，然此畢竟是仙學修煉的口訣，故大多數內容也不見得能輕鬆看懂。然比起其他講解參同契者，還是要簡明得多。

仙家確有「尸解」之說，是說人陽神出殼之後，工夫不能將軀體一同帶走，故如同蛇蛻一般留下來，是爲「尸解」。這裏面的虛假頗多。有些人只是無疾而終，而亦名曰「尸解」；有些人工夫不成而坐脫立亡，亦謂「尸解」。然此等皆達不到陽神出殼之境界。陽神出殼再進一步卽白日飛昇，是連身體能一同帶走者，如韓愈先生謝自然詩中所述謝自然一般。

玄關一竅，必須口口相傳，不能自悟。紫陽眞人「此竅非凡竅，乾坤共合成；名爲神氣穴，内有坎離精」確爲的語。然一般不逢師指，難得其實。

廣成子告黃帝語：「無勞汝形，無搖汝精，乃可以長生。」此語誠爲養生要言，宜多思之。

鬆靜自然，神氣合一，這就是靜功最精妙的口訣。此外求法，皆是騎驢找驢。

其他篇

仙學指南序

憶及五十年前，我拜在先師陳攖寧先生門下，得承道學正脈，孜孜求索以至於今日。幾經人事滄桑而志向不改，雖歷盡辛苦而念念不忘先師當年的諄諄教誨，到現在雪染雙鬢，自覺未辜負先師對我的傳授之恩。惟一深深遺憾的是過早的失去了老師，這是道家的大不幸。每當我修養中遇到這樣那樣的疑難，百思不得其解時，便使我更加懷念我的老師。

倘若談起我與先師的師生因緣和先生博大的精深的學識，還得從我如何開始學道說起。我是十九歲開始上山學仙的，那時以爲神仙是什麽都懂得的，什麽都可以做得到的，於是把很多的書籍統統送給朋友，惟一留下一部道德經，來到龍會山尚德齋靜修，天天盼望成仙，意志很堅定。家里人幾次來勸我回去，但我死心踏地要學仙道，決不回家。

在道兄的指導下，我開始練習靜坐，主要是煉調呼吸。這可以說是我學道的入門功夫。以後的十幾年中，我逢師必叩，勤學博問，身體力行，分析推敲。雖國難當頭，時世艱難，但一顆赤子之心堅定不移。凡是能够接觸到的吐納、存想、導引、扶乩、萬法歸宗，諸如此類的道門之學，悉加實踐，評判原委。

丹道中有一個名詞叫「坐脱立亡」，原指的是自己能夠把握生死，由己不由天。生老病死本是自然的無常變化，宇宙的生生周流。大自然給予人的壽命本來也是很長的，只是由於七情六欲生活條件的限制，大大縮減了壽數。只要我們能達人知命，好好保健身心，駐世百年不成問題。然而學仙的人偏偏是要逆天而行，懷着「我命由我不由天」的志氣，口口聲聲要打破小世界，將本性溶化到無限廣闊的宇宙當中去，獲得永久的生命。無數的先哲經歷無數的實驗，在實踐中掌握了完善身體功能再造生命工程的方法，爲後人留下了寶貴的財富。但是後學不察，狂妄談玄，不重實證，異想天開，自己的性命尚且不能保全，還談什麼「遨遊三山，來往四海」呢？仙家一求長久駐世，二求功德圓滿。惟駐世方有功德，惟長久纔能圓滿。如果沒有這個認可，空談飛昇，玄弄神通，全不顧「容顏暗憔悴」，終不免閻羅殿「正要尋你，你却來了」，落個自己辛苦自己知的下場。

正式入道的道士每天都在實踐前人流傳下來的修煉方法，黎明向東吐納，正時做唱經功課，晚間導引經絡，子午卯酉打坐存想大小周天，隨時掐訣定心。憑這樣的修行，因爲沒有掌握清修的秘傳手段，能鶴髮童顏者只在少數。

正當我修持遇到困難的時候，偶然的機會却使我絕處逢生。那是在抗戰前，有一天，一位道兄拿給我一份揚善半月刊，其中有一篇就是攖寧先生的答各地讀者問。粗粗瀏覽，只覺得言簡意賅，字字珠璣。反覆學習，更是餘韻無窮。急忙詢問著者爲何許人。旁人指點，此位即是當代力倡仙學的道家學者，致力於仙道的親身實踐與傳播仙學的陳攖寧先生。於是仰慕之心由然而生。每次揚善半月刊出刊，我都是拿過來先翻找陳先生的文章。越讀越明朗，越讀越有信心，促使我努力尋找眞正的金丹大道。說來師生之間也總是有種緣份的。有位道兄好不容易找到陳先生的寓所，三番五次報門，都被推說先生不在，怏怏而回。他回來對我一說，我覺得是一次機會，自己跑了去叩門，老師倒意外地接見了。這眞是喜出望外。雖然談話的時間並不長，但却奠定了我走向仙道的基礎，使我更加堅定自己的道路，用實證的精神來檢驗評判前人的文化結晶。當然這也是陳先生一生所走的道路。以後我常同陳先生書信來往，按照他的指導，一步步向金丹大道攀登。

原來在我面前展現了一有幅前所未有的新天地。上溯軒轅黃帝，下至近代，沿襲不衰，無數先賢開闢出一條無比光明的道路。它的源頭正是我朝思暮想、冥冥所求的長生久視之道。親身實踐，在實踐中議論古人得失，總結自己的心得。陳先生正是融通佛、道、儒三教，遍訪三山五嶽、名刹古寺、異士名流，通讀道藏，精於道學。自明以降，能通讀道藏者，竊以爲惟攖寧先生一人而已。故此，先生獨將仙道大加倡導，一來仙學是道家最精粹的一部分，利國利民；二來仙學重實踐，於清修法極易普及；三來這樣可以縮小範圍，縱不幸失敗，也無傷道家整體。由此觀之，先師一片愛國護道之心，可謂良苦矣。

爲了宣傳仙學，先師曾先後在揚善半月刊、仙道月報中發表文章，宣揚仙道，解答疑難，社會各界反映强烈。在揚善半月刊封面上，陳先生等曾提出十條誡語，與學人共勉：學理，重研究不重崇拜；功夫，尚實踐不尚空談；思想，要積極不要消極；精神，圖自立不圖依賴；能力，宜團結不宜分散；事業，貴創造不貴模仿；幸福，講生前不講死後；信仰，憑實驗不憑經典；住世，是長存不是速朽；出世，在超脱不在皈依。從這些劫後遺存看，我們仍可體會到陳先生當年之颯颯風骨，語重心長。

基於以上認識，我更加尊敬我的先生。經過我的努力，承先生憐憫，我終於完成了一個夙願。一九四六年，我在杭州佑聖觀，依古制正式拜攖寧先生爲師。拜師儀式十分隆重。此後，先生來往於滬杭之間，經常住在我家裏，一九五四年户口也落在我家。老師住在這家之後，我白天聆聽老師傳授仙道，或讀書，或郊外散游，夜晚師生同室而眠，明月清風，品茶論道，閒談參同、悟眞，雅問靈樞、素問。先生曾開玩笑説：「你這個學生很不好對付，什麼事都要問到底，回答也必得滑頭一些。」不難看出，老師很喜歡我，而老師的金丹大道學問更使我如醉如迷。

先生與馬一浮先生相當要好。馬一浮先生學貫中西，文學功力深厚，送給我的一些詩文或來信中極善用典。我不懂，去問老師。老師也常常拿不準，需要查查書纔敢說明確切出處。他說：「馬先生用典常出自莊子，大而化之，我們不能。」一浮先生亦曾經請老師講解參同契，使他豁然開朗，遂稱老師爲「科學神仙家」。

作爲道學研究者，先生於醫、卜、燒煉無所不聞，卽便是爲當時禮所諱之房中術諸經，也加以耙疏整理，反覆對比。他認爲，以既濟經爲名，最爲明確眞實。據他了解，這本書北京圖書館、浙江圖書館都没有藏書，日本只有一部下册。「文革」時，我問他這本既濟經怎麼處理，他沉吟半晌說：「由你去辦吧。」我把全書又重新翻閱一遍，就同許多書信一起焚燒了。回想起來，如果先生所言不差，此書或有散佚民間者，有關部門亦當注意搜集也。

一九五六年，老師應國務院宗教局之邀，北上議事。臨行前，老師問我去不去，我問他是北方人活得長壽還是南方人活得長壽，他笑了，說北方人長壽。於是我們師徒一同啟程。其實，近十年來生活一直由我照顧他，師生情誼深厚，我實在不放心讓他老人家一人生活。老師來到北京白雲觀，不顧八十高齡，卽刻主持道教學術研究，培養道教人才，在他的指導下編寫了中國道教史提綱等，出版了道協會刊，道學活動蓬勃興旺。

「文革」初期，我借口老師身體不好，暗中把他保護起來。有人勸他離京暫避一時，但他堅決不肯，表示自己身爲道協會長，在無別人負責的情況下，不貿然離開。隨着環境越來越惡劣，他的處境愈加艱難。不久，老師因憂傷國事，又無人照顧，在一九六九年五月二十五日下午七時許，一代道教宗師靜靜地躺在床上，孤寂地離去了。他那微蹙的雙眉，仿佛有訴不盡的遺憾。燒煉地元神丹，創辦仙學院、道教研究所，諸般宏願佳猷，俱化爲泡影。他那含笑的嘴角又仿佛帶有某種欣慰，或許是他無愧來這個世界，爲後人留下了無盡的寶藏，或許是以他那「大願力圖三百年完成宏業」而稍事片刻休息。

先生功業未竟，身先羽化，惟可值得慶幸的是先生生前的傳播的火種還在，他的精神永存，所有志於仙道的人們正踏着先生的足跡，朝着他指引的路奮力前進，仙道同仁舉目共矚。隨着積累知識，聚集人才，勤學苦練，再加上國富民强，先生所開創的仙學一脈宗支必當興旺發達。

在仙學指南付梓之際，出版者囑我作序，權獻寥寥數語，以饗讀者。

胡海牙一九九七年三月九日於北京團結湖寓所

陳攖寧仙學養生全書序

先師陳攖寧先生，一生致力於仙學學術的研究與倡導，並用自己的身體力行來實踐驗證這門學問，生前有許多仙學方面的學術論著。近十數年來，雖然有不少關於先師仙學方面的著作出版，但大多都失於全面。故將老師的著作全面出版，也是愚這些年的一個心願。但由於年代關係，除了愚自己收藏的老師的大部分著作外，尚有一部分著作或塵封於館藏，或流落於民間，或收藏於方家。雖然這些年也做過不少的工作，但由於各種原因，未能盡如人願。思及吾人之壽命，雖有必然的延生之法，然難妨意外的事故之變，雖先師著作集之未十分完全，惟將手邊已整理完成之文稿及時出版，亦頗有必要。

愚早年即隨先師陳攖寧先生學習仙學和醫道方面的知識，解放後又接老師到愚家中與我們同住。一九五七年，老師要來京任職，愚亦隨師進京。臨行前，愚與老師商定，以後在仙學上，只能談清靜方法，絕口不言南宗工夫。因爲當時的社會情狀不允許談這種方法，並且南宗工夫歷來易遭謗毁，老師一直也很少輕言此道。近年來，有人用房中術的方法去曲解南宗工夫，並以之質疑老師陳攖寧先生的仙學學術。也有人將老師與愚的話斷章取義，認定攖寧先生所得之南宗工夫就是房中術，以混淆讀者之視聽。這不僅是對老師的謗毀，同時也破壞了仙學學術的純淨。故希望這本書的出版，能讓更多關心陳攖寧仙學的朋友，更能正確的了解這門學術。

本書在整理中，力求陳攖寧先生仙學方面的內容相對完全，對先師有關外丹方面的著作，佛學方面如楞嚴經評註等，其他如大六壬評註等，未予收錄，以後或可做補集出版。

先師嘗言，學仙第一要義，在讀書窮理。愚多年的經驗，亦認爲，無論做什麼事，讀書非常重要，仙學尤是如此，自古没有不讀書的神仙。願此書的出版，能給仙學愛好者、養生愛好者，以及道家、道教的研究者，提供一些有益的參考。

是爲序！

胡海牙乙酉仲春於北京

道德經五種序

老子道德經，爲道教之聖典。先師陳攖寧先生曾云「老子爲道家之祖，凡講道無有過於老子者。一部道德經中，有講天道的，有講人道的，有講王道的，皆是雜記古聖之精微言，並非專指某事某物而作此說。至其最上一層，乃是講道之體。其言曰：『有物混成，先天地生。寂兮寥兮，獨立而不改，周行而不殆，可以爲天下母。吾不知其名，字之曰道。』其意蓋謂道是宇宙萬物之根源，無名無形，絕對不二，圓滿普遍，萬古常存。所謂修道者，就是修這個道」，可謂道德經之的解。

是書自問世以來，註家頗衆。或從經義，或從道理，或言修身，或論治世，種種見解不一而同。在諸多道德經的註解中，河上公本是早期註本之一；呂洞賓、白玉蟾、黃元吉三眞之註解，皆以修身延命爲旨，合乎老子「長生久視之道」的概念，是修道者，特別是做內丹工夫者，必不可少的經典讀物；而江希張之道德經白話註解則用淺顯的文辭，闡述道德經應世之方。五種註解各有所重。

湖南岳陽劉永明道長，長年從事於道教文化的傳播與道教思想應世濟人方面的工作，並常以道德經之經義爲教旨，對修道者及道教徒，諄諄教導，使道教之道德廣行，慈悲普化，故其對道德經認識頗爲深刻。今集五種道德經註解於一册，既方便讀者了解古人對此書之理解，又可從道教的義理知道德經治世之方法，更可指導自身修道證道。是窮則獨善其身，達則兼善天下；卷之退藏於密，放之彌於六合。道德經旨大，而五註合集則義深矣。

書成，囑予作序，謹呈數語，以附盛意。

胡海牙二〇〇六年三月九日於北京團結湖寓所

仙學必成未定稿成書經過

仙家修煉，至難者，眞師難逢，眞訣難聞。故世常有修士，皓首窮經，畢生研求而不得其要，一事無成。罕有全部貫通，登堂入奧，頭頭是道者。更遑論成仙證果，白日飛昇之事。

先師陳攖寧先生，一生研究仙學，力倡仙學科學化研究，使仙學學術在學界得到了認可。在其研究中，陳先生發現，自己研究仙學最初所主張的大道貴在公開之思想，並非上上之策，亦有許多難盡人意之處。遂改變以前之論調，不輕言口訣，只注重談學理上事。

乙酉年（即公元一九四五年）正月下旬，師母吴彝珠因乳癌辭世。先師攖寧先生痛失仙侶，甚爲悲痛。爲使陳先生心情疏暢，南京孟懷山師兄邀先師攖寧先生到南京亞園小住散心。陳先生於亞園靜室獨居，深感世事無常，浮生若夢，雖有必然延生之法，而難防意外事故之變。惟恐自己的多年研究之結果，未及傳授，而撒手而去，遂立意作書，將仙學天元清淨丹法之全部口訣，用功之詳細步驟，整理成書，以筆墨而代口授耳。

先生於乙酉三月十三日落筆，四月十五日成文，歷時一月，兩睹月圓，遂成仙學必成。

並將此書手抄若干份，分贈身邊知己之學生。且將誡條立於封面，囑眾學生須謹慎傳授，嚴守秘密。然父輩好此道者，其子女未必亦好此道，對鈔本疏於保管，在所難免，以致鈔本流傳於外，爲某些人恃以爲貴。

余家中所藏之鈔本，乃先師陳攖寧先生一九四七年秋季來杭州銀洞橋廿九號慈海醫室余家時，親手爲余所鈔。對孟懷山師兄家中初作，又有所增補。師謂余曰，此書有些地方，自己的意思尚未完全表達出來，故不能做定稿論，待以後有機會，還須補充。此卽仙學必成未定稿成書之始末。

幾年前，中國道教學院的一名學生，覓得先師仙學必成手鈔本一冊，冠以學仙必成之名，並摻以自己的觀點，公開了此書，而其中成書因緣及部分關鍵則無存。

余本無意公開此書，然觀有借此書以求名利者外界有將此書高價出售者，此與先師當日著書之本意大爲不合。惟有將此書之眞本全文公開，正本清源，方能發揮先師著書之眞實意義，同時也可滿足仙學愛好者及研究者研究仙學之需要。故擬將眞本原文，公開出版，以饗同好。若有機會，亦欲將先師手蹟影印出版，供學人研究參考。

仙學必成未定稿，理論透徹，清靜工夫之口訣一露無餘，是志心仙道之士，眞實修煉，研究學理必讀之作。

另，先師確另著有學仙必成秘本一部。是書作於一九五三年先師陳攖寧先生來余家定居以後，乃先生爲余講解仙學秘訣時，隨講隨作。此書純爲修仙實行口訣，僅先師親筆鈔本一部，外界絕無流傳。然現在尚不能公開。

參同契講義序

參同契一書，雖被歷代丹家譽爲「萬古丹經王」，然其滿紙隱言譬語，辭深義奧，頗難讀懂。歷代註家紛紛，亦多厚此薄彼，顧左右而言他，能全部貫通者絕少。是書雖爲古今修士必讀之作，然若未逢眞師指授，閱之亦感莫名其妙。

一九三七年，日寇進攻上海，由於戰事，上海翼化堂善書局出版發行的全國惟一的，也歷史上惟一的，專門弘揚道家仙學學術的雜誌揚善半月刊被迫停刊。當時上海道學界、道教界、仙學界同仁，深恐仙學學術的研究，因揚善半月刊之停止，而不能競續，以致對剛有起色之道家文化、道教文化以及陳攖寧先生極力倡導的仙學文化的發展，產生負面影響，故經與先師攖寧夫子、汪伯英師兄及當時翼化堂主人張竹銘師兄等商議，於一九三八年五月，創辦了僅供少數仙學研究者相互印證、研習仙學學術的仙學院。這也是空前的。當時先師陳攖寧先生在仙學院作定期講座，講授仙學知識，講解仙學經典。由於講課之需，陳老師在此期間完成了參同契講義。當時是由陳攖寧先生口授，汪伯英師兄筆錄。筆錄完成之後，汪伯英師兄卽將手稿交於陳攖寧先生。故參同契講義雖曾公開宣講，而做有記錄者，僅此一鈔本，其他人先師未允做筆錄。

一九五三年，余接陳攖寧老師來杭州銀洞橋慈海醫室余家定居，老師將其所藏之珍本、秘本一同帶來。其中有參同契講義未定稿、三一音符及整套的先師評點本揚善半月刊、仙道月報等，還有大量的外丹經典。在余與老師共處中，共同研究仙學學術是我們師徒每日的必修課。在此期間，余請老師爲我將參同契單獨講解一番。攖寧先生即以汪伯英師兄鈔本爲藍本，爲余詳細講授參同契之奧義，並對講義本未能盡言者，復作參同契辭解一册，附於汪伯英師兄手鈔本之後。時汪伯英師兄已然辭世，故辭解本其亦未曾得見。既如此，陳老師亦覺未能完全發揮參同契之奧義，遂在其書親筆題寫的鈔本封面上又添「未定稿」三字，並囑余保存此鈔本，待有機會，再進行增補。世傳師有悟眞篇講義，誤。

此書雖未敢言盡洩修仙天機，然較之前人註解，確有不可同日而語者，乃今日喜好仙學養生之士不可多得的參考資料。本次整理出版，將講義與辭解合於一處，以便於讀者之閱讀。

另，此書雖多言及口訣，然亦須眞師傳授，方可下手行功。

是爲序。

丁亥夏初胡海牙謹識

業餘講稿序

業餘講稿當係先師陳攖寧先生住南京孟懷山師兄亞園時，爲孟冠美、孟懷山兩兄弟及由滬來寧探訪問道的張竹銘師兄、謝利恒醫師和方公溥醫師等人所討論者，內容涉及內外丹法、仙道理論、科學與仙學的研究等，是先師陳攖寧先生有關仙學理論的著述之一。

講稿共分爲四十二章，封面有老師所題書名及「此稿已過時，書名亦未確定，須待刪改及補充」諸字。老師搬到愚家住後，對以前的手稿都進行了重新的整理，故此講稿的前兩章及其他相關內容，均被老師剪除，而講稿中凡涉及人名處，亦多被老師塗掉。

講稿內容出自仙學必成一書之前，仙學必成之所作，與此篇講述內容多有關係。老師在爲愚所抄的仙學必成第二十二面頂批有「朱昌亞鈔本、謝鈔本、方鈔本皆少此二十一字」諸字，第五十六面有「孟、謝、方、朱鈔本無此一段」等字，其中所謂謝、方、孟三人，當指上海謝利恒醫師、方公溥醫師和南京孟懷山師兄。

此稿存愚家逾半個世紀，近來搬家時整理舊書笥，重新檢出，翻閱一過，倍覺親切。

雖先師在封面有「此稿已過時」「須待删改與補充」之語，然由於當日託人整理陳攖寧全集一書過程中，不少老師留給我的存稿不知去向，今恐此稿他日亦有流失之虞，故校輯成册，公開刊佈。一則是對老師的懷念，一則讓更多陳攖寧仙學的愛好者能多了解先師的仙學思想。

胡海牙於二〇〇六年九月二〇日農曆丙戌年閏七月二十八

非子不語——陳攖寧仙學研究系列叢書總序

二十世紀初，一位俄國的生物學研究者麥奇尼可夫曾在其著作長生論的結尾這樣寫到：

「我不能深信，依任何現有性質自然的傾向，能變惡爲善，能變不適應爲適應。這樣理想不能實現，並不足爲奇。雖然有人認爲，自然有犧牲個體保存種類的趨勢。這是根據個體死亡種類猶存的理由。但在另一方面，在世界上有許多種類現在確已完全滅絕。在這些滅絕了的種類中，有體軀發達的動物。各種類人猿，就是很好的例子。自然對於他們沒有顧惜，我們人類有什麼把握不會遇到同樣的命運呢？這種未來的事我們是不知道。我們不能不把自然放在一邊，來靠我們的智慧求生存」「我們的智慧，既然能給我們許多知識，我們根據這個理由，可以改善我們的性質，使不適應變爲適應。惟有我們的意志，可達到我們的理想。」

二十世紀初，一位中國的道學研究者、仙學的倡導者，後來爲人們譽之爲「當代太上老君」「科學神仙家」「仙學學派創始人」的陳攖寧先生，在其眾妙居問答續八則中這樣講道：「仙家的人生觀是缺憾的，其宗旨在改造自然」「人類的始祖是類人猿，因爲這種猿類有創造能力，並取得各種有利的條件，經過長久的時期，逐漸進化，變爲今日的人類」「須知進化是無止境的。古代之猿既能進化爲今日之人，安知今日之人不能再進化爲將來之仙？世俗每一聞仙字，每覺得奇怪不可思議。若用猿類的眼光看我們人類，也是不可思議的。因爲彼此程度相差太遠，遂有這種感想，並非不可思議。但不可坐待，應當積極發揮自己創造之能力。若一切聽其自然，非但不能進化，恐怕還要退化。古代猿類中富於創造性者，卽進化爲人；其無創造性者，至今仍舊是猿。再經過長久的時期，猿的種類不免更要減少，甚至於消滅。我們如果想要由人類進化爲仙，亦須努力創造，不可聽其自然」。

兩位不同國度，不同領域的研究者，所持的主張是不謀而合的。其實在我國，自軒轅黃帝時代，就已出現了旨在延長人類生命，祛除生老病死對人類威脅，以至於長生不老、陽神出殼、白日飛昇的專門學科。他就是先師陳攖寧先生一生致力研究並極力倡導的，中華民族智慧的結晶——仙學學術。

我十九歲上山學仙，從那時候自己就想用自身的修證來驗證古仙流傳下來的方法。後有幸假揚善半月刊得識陳師攖寧夫子，並於一九四六年在杭州佑聖觀依古制正式拜陳先生爲師，全面系統地學習仙學知識。一九五三年四月，我又將攖師從上海接到杭州銀洞橋廿九號慈海醫室我的家中與我同住，並共同研究仙學及黃帝內經上針灸學方面高深的學理。親聆師訓，使我更加認識到仙學學術眞修實證的重要。誠如先師仙學研究四大原則中所謂，仙學研究須要「論事不論理」。故而我一直未曾着意於行文著書，只是把精神更多的放在實踐中。

近年來，許多海內外有識之士逐漸認識到中華道家學術的正脈，應歸根於中國大陸的正統丹道。而先師攖寧夫子，則是最早將丹道學術及傳統的修養知識集大成而科學研究者，故攖師於二十世紀初所倡導的仙學學術，也引起了學界及養生愛好者的廣泛關注。我也因此收到了各方面爲研究仙學學術的來函、來電，接待了一些親臨寒舍的來訪者，大家都希望我能談一談有關仙學方面的知識。

仙學學術，雖遠溯軒轅，然自古及近，特別是東漢至民國初年，一直無有系統可言。故呈現有仙無學之局面。彼時學仙者流，或依附於宗教，或託身於其他，誨仙學之名，而務仙學之實，使中華卓絕之仙學學術，幾成絕響。先師攖寧夫子，迫於當時之道教式微，道家文化遭受外來文化侵蝕之危機，無可奈何，只有將仙學從三教義理的束縛中提拔出來，用科學實踐的方法，將其作爲一門專門的學科來研究，而擺脱附於其上之宗教、迷信的圈套，扶助其獨立、自由、健康的發展。自此，仙學始有系統可言。

因仙學關係着人類的健康、長壽，乃至人類社會的進化，故人們對這門學術是比較關心的。鑒於此，我便利用餘暇，偶作一二短文，以答謝各界關心仙學之士的熱忱。自己則依舊抱定眞修實證之宗旨不變。

這幾年，市面上出版了部分有關先師的著作，然其從某種程度上對先師攖寧夫子的思想有所偏離，或可以說是與先師所提倡仙學、研究仙學之初衷相左。爲了正本清源，我只好依先師的部分著作，及本人一點經歷與心得，編了一部仙學指南，以期略做矯正，庶免仙學學術愈傳愈誤。

不料是書出版之後，便有更多的信函、更多的來訪者，向我詢問更多的有關仙學知識。若一一覆函，一一講解，我恐未必有相當的時間，同時對自己眞修之以期實證之的夙願也有一定影響。若一概置之不理，則又勢必阻礙仙學學術及道家文化的研究與發展。故一班同好，及衆學生，都希望我能系統地將先師陳攖寧先生之著作及理論，完整地整理一番，以便供後來者參考研究。這與我學仙的初衷似有相違。然同道的督促，學生們的殷情，讀者諸君之要求，我只有勉爲其難。或許這也算是我對道家文化及老師所提倡的仙學能盡的或也是應盡的一份綿薄之力吧。

人類的壽命，雖有必然的長壽方法，然亦須防範意外之驚擾與損傷。若要將先師遺稿，統一整理後再出版，恐難盡如人願，故我打算先將攖師著作之精要者，以系列叢書的方式，逐步予以公開出版，以免仙道眞傳自茲而絕。先師尚遺留有多部外丹文稿及楞嚴經批註等著述，也將在以後相機出版。

在這套叢書中，我準備將先師公開出版過的著作、未公開出版過的秘本，以及仙學方面以前不允許公開的口訣，先師批註過的經典、著作和談論仙學以外學問的文章著述，以及我個人七十餘年對仙學的認識、研究心得，一並公諸同好。希望此套叢書的出版，能給仙學研究者、愛好者能有所裨益，如此余願足矣。

謹布是叢書出版緣起如是。是爲序。

胡海牙公元二〇〇一年元月

仙學必讀序

人究竟能活多少歲？人的生命有没有極限？人能否擺脱死亡而長生不死？人類的世界以後究竟會如何？這類問題，恐怕也是今日不少有識之士所關心者，同樣也是今日科學尚未解决者。可以説，世間所有的科學門類，無一不與此有關。而在諸多學科中，仙學則是專門研究解决這類問題的。

仙學學術，是中華民族傳統文化的精髓，自軒轅時代已有記載者，迄今已五千餘年矣。然由於歷史的局限，這門學術却未能得以相宜的發展。特别是東漢至民國初的近兩千年間，仙學呈現有仙無學的局面。那時的學仙者，或隱身於三教名下，或委託於巫術，或寄身於其他，諱仙學之名，而務其實，使仙學没有其眞正獨立的學術地位。

迨至二十世紀三十年代，先師陳攖寧先生，不忍坐視中華民族傳統文化爲外來文化所侵襲的現狀，以及中華卓絕千古之仙學學術瀕臨絕跡的局面，遂迫不得已，首次將仙學學術單獨從三教理義的圈套中提出來，把他作爲一門專門的學科來進行研究，以扶助仙學獨立自由的發展，而擺脱其他宗教教理教義對仙學的束縛。

先師曾言：「余本不反對儒、釋、道三教之宗旨，但不願聽任神仙學術埋沒於彼三教之內，失其獨立資格，終至受彼等教義之束縛而不能自由發展，以故處處將其界限劃分明白，使我中華特產，卓絕千古之神仙學術，不至遭陋儒之毀謗、凡僧之藐視、羽流之濫冒、方士之作僞、乩壇之亂眞。自漢明帝以來，一千八百七十餘年，佛教徒給予仙學界惡嘲謾罵之醜聲名，於兹刷盡；自金世宗以來，七百七十餘年，北七眞所給予仙學界三教同源之假面具，一旦揭開。豈不快哉！豈不壯哉！」又言：「以道而言，愈融合則範圍愈廣，儒釋道仙原可互攝；以術而言，愈分析則領域愈嚴。」

作爲仙學的開拓者，先師攖寧夫子窮其畢生的精力，以自己的智慧，爲仙學的研究與發展創立了堅實的理論基礎。並給這門由來已久的特殊學科賦於了新的生命活力，使其能順應時代的發展而產生本具之效力，故被諸同道譽爲「仙學學派創始人」「科學神仙家」「當代太上老君」。

仙學學術雖絕，先師學識雖精，苦於其所處年代紛亂，未能證得仙學的最後成功就羽化而去。慶幸的是，先生的仙學一脈，在社會穩定、政治昌明、科學進步的今天，爲越來越多的有識之士所重視，這或許對先師是一種安慰。先師仙逝已三十年了，作爲跟隨攖寧先生時間最長，並正式拜其爲師的入室弟子，我深知仙學成功之不易，同時也能感到自己肩上擔子的份量。但我還是認爲，仙道雖難，亦非不能，只要志心於此，再有一相當條件，成功將是必然。

在先師羽化以後，我時時將實修實證作爲自己的方向，力圖用自己的成功來證實仙學。故本無意著書，亦不願評說今天的修煉，更不願談論當前的氣功，只想多做些實際的功夫。不料在我行醫中，許多患者以及後來經朋友介紹而來喜好養生的朋友，常與我探討氣功方面的問題。聽過他們的經歷，我不禁爲一些喜好養生者不明養生延命妄談氣功而擔憂。隨着詰問者之日多，以及身邊學生、好友之要求，我便着手編了一部仙學指南，以期對所有熱愛養生的朋友，做一個統一的答覆。

不曾想，書出以後，詢問者更多。再加上仙學指南一書確存在有一些不足，故在回答各處朋友所提問題之餘，又只好再次動筆，編寫了仙學必讀，以對仙學指南作以補充、完善。在這部書中，首次公開了一直僅在極少數同道中傳鈔的兩部先師的手寫秘本：仙學必成和參同契講義。並收錄了我近期所作的幾篇文章。同時還對仙學指南一書中的不足之處作了大量的修改，並保留其中一些頗爲重要的內容。在此書的最後一章卽答問卷，對仙學指南一書讀者所提出的一些問題作了公開的回答。在附卷中，也介紹了幾套行之有效的鍛煉方法。這部書上的內容，基本上可以滿足各界同好對養生延命一途的期望。這也是我對仙學的發展以及爲諸同道能科學地研究仙學所應盡的綿薄之力。

在仙學必讀一書出版之際，寥寥數語，謹以爲序。

胡海牙一九九九年十二月一日

仙學輯要序

揚善半月刊與仙道月報，是二十世紀三十年代所出版的最早專門研究仙學學術、弘揚道家文化及振興衰微道教的惟一學術性刊物。創辦者，乃當時位於上海邑廟豫園路之翼化堂善書局主人——張竹銘師兄。

張竹銘師兄，幼卽好道樂善，觀三十年代上海乃至全國頹委之現狀，遂欲弘揚中華民族優秀傳統文化，以對治之。適先師陳攖寧夫子隱居上海，竹銘師兄聞攖師因幼時患絕症而得仙學方法治癒，並爲精研修養之術，遍歷名山大川，參訪各地高眞大隱，且用十餘年工夫燒煉外丹，費三載光陰通讀道藏，在學術上有很高成就。遂幾經參訪，邀攖師等，於民國二十二年卽公元一九三三年七月一日，正式出版發行揚善半月刊。

此刊初以「三教一貫，五教平等」爲宗旨，兼登載一些與當時普通慈善雜誌無大異之勸誡文字。攖師有感於當時道教式微，每每受佛、儒兩家之詆毀，且有「道教無教可言」之敗勢，遂以自己多年來對傳統仙學學術之研究心得，提出將仙學獨立於三教之外，扶助其自由發展。其在後來的著作中，也聲明了當時的意圖。如其在揚善半月刊答拙道士黎道人二君一文云：「當今之世，輕視道教者，實繁有徒。請看商務、中華兩家出版書籍，凡關於道教者，皆無好評。而且道教史中，居然有佛教痛罵道教之語；道教概論、道教源流等書，亦復偏袒佛教。僕自憾才疏學淺，又苦於輔助之無人，若就道教立場與彼等作筆戰，設不幸而失敗，恐累及道教之全體。故將陣線範圍縮小，跳出三教之外，以仙學爲立足點，而抵抗彼等之進攻。苟受挫折，亦不過損我一人之名譽，與中華整個之道教固無妨也。並且不至於惹起儒釋道三教之爭議。愚意認爲此爲最妥善的辦法，故改變以前之論調耳。」又如在論四庫全書提要不識道家學術之全體一文中云：「吾人今日談及道教，必須遠溯黃老，兼綜百家，確認道教爲中華民族精神之所寄託。切不可妄自菲薄，毁我珠玉，而夸人瓦礫。須知信仰道教，卽所以保身；弘揚道教，卽所以救國。勿抱消極態度以苟活，宜用積極手段以圖存，庶幾民族復興有望。武力侵略，不過裂人土地，毁人肉體，其害淺；文化宗教侵略，直可以奪人思想，劫人靈魂，其害深。武力侵略我者，我尚能用武力對付之；文化宗教侵略我者，則我之武力無所施其技矣。若不利用本國固有之文化宗教以相抵抗，將見數千年傳統之思想，一朝喪其根基，我中華民族之中心，終至失其信仰，禍患豈可勝言而有信哉！」還有在答江蘇如皋知省廬中云：「故愚見非將仙學從三教束縛中提拔出來，使其獨立自成一教，則不足以延綿黃帝以來相傳之墜緒。觀全世界所有各種宗教，已成強弩之末，倘不改頭換面，適應環境，必終歸消滅。」後來也曾作中華全國道教會緣起、復興道教計劃書等，以圖振興中華道教。故在揚善半月刊創刊伊始，攖師即開始將多年的研究成果及自己欲假仙學學術來挽救中華民族傳統道家文化的思想逐步發表出來。

雖然攖師的思想及學術成就，不是揚善半月刊創刊之初的惟一宗旨，在刊物中所佔篇幅也不大，但却得到了當時學界，特別是道學界的認同與擁護。且因仙學重於實事實情，與其他尚空談玄理之文章有別，故在讀者中也頗具反響。使諸修真學子更加關注於先師有關於仙學方面的論述。是故揚善半月刊社，也自總第三十七期始，在堅持原來「三教一貫」的宗旨同時，一改最初以「揚善」「勸誡」爲主要目的之初衷，在刊物中增加了更多的仙道文章。並開設「金丹要訣」專欄，並請攖師專門解答諸讀者提出的有關仙學及修養之類的問題。至於原有的揚善、勸誡類文字，雖每期必登，然不佔篇幅。

從這時起，揚善半月刊的內容，大致由二十個部分組成：「一，社會論壇：時賢投贈之作，凡宗旨相合、文理清通者，一律歡迎。二，先哲格言：凡古人成語，足爲後世法者，入此部，但迂腐難以實行者不錄。三，名賢模範：專記昔賢美德高風，可以作爲後人模範者，但與現代社會情形相抵觸者不錄。四，方外奇緣：仙真羽客，俠士神僧，濟世渡生一切事蹟，皆入此部，但十分怪誕者不錄，無根據者亦不錄。五，雲水閒吟：　歷代神仙高僧隱逸各種詩詞，擇優登載，以雅俗共賞爲標準，佛門偈語、玄門丹訣不入此部。六，性命玄機：　闡明三教一貫之大道，性命雙修之眞理，乩壇文字不錄。七，金丹秘訣：　三元丹法，五等仙階，徹始徹終，了生了死，種種法門，悉歸於此。八，延壽須知：　卽是醫學上却病延年一切方術，生活上衣食住行一切理論，先中後外，先古後今，以普通人能實行爲限。九，林泉清話：　尋山林之樂趣，敘泉石之幽情，宣傳淡泊之家風，喚醒繁華之癡夢。十，勝蹟遊蹤：　卽國內名山大川遊記，或訪高人，或考古跡，或代訴民間之困苦，或縱談風俗之殊奇，以最近者爲限，時代相隔太遠、今昔情形不同者不錄。十一，道術叢談：　天經地理，武工文藝，江湖方技，以及一切中國自古相傳之道術，皆可自由談論，不限格式，不講迷信。十二，各教精華：　無論何種宗教，皆可投稿，但以簡括明顯爲要，長篇不錄，神話不登。十三，學理研究：　以上十二部，凡關於學理上問題，無論讀者諸君，或本刊編輯部同人，認爲有研究價值者，卽於此部發表，公開研究。十四，雜俎餘興：　卽各種小品文字及詩詞等類。十五，通函問答：　讀者若有問題，寄到本社編輯部，甚願竭誠答覆，若遇有不能回答之問題，亦必將不答之理由說明。十六，古本經懺：　與坊間流行之本絕不相同。十七，勸誡文字：　卽勸善勸孝，戒殺放生，敬字惜穀，戒賭戒淫，戒烟戒酒，急公好義，治家修身，一切感化人心，有益世道之文字。十八，醒世小說：與普通小說不同。十九，新聞消息：凡與本刊宗旨有關係的各埠新聞，擇要登載，無關者不登。二十，來稿附刊：外來稿件，以上各部不能容納者，暫登於此。」見揚善半月刊總第四十四期。

由於揚善半月刊所提倡之仙學，與佛教義理相衝突，其他佛教刊物及佛教徒又常輕視於仙道，故頗有一些佛教居士甚至於有身居政界之居士來函問難。揚善半月刊創始人及編輯諸公，始知當初「三教一貫，五教平等」的目的難以實現，遂於揚善半月刊總第六十三期錢心君仙佛判決書及第六十五期攖師關於「呂祖參黃龍事」之考證、疑問、平議三篇發表以後，改變以往的宗旨，專門弘揚仙道。更於總第六十八期始，作進一步徹底改革，每期將「學理，重研究不重崇拜；功夫，尚實踐不尚空談；思想，要積極不要消極；精神，圖自立不圖依賴；能力，宜團結不宜分散；事業，貴創造不貴模仿；幸福，講生前不講死後；信仰，憑實驗不憑經典；住世，是長存不是速朽；出世，在超脫不在皈依」十條眞義置於揚善半月刊封面，凡不合於此條件之文章，也一概拒絕登載，並選古典籍中講仙論道名言中之警策動人者，作爲刊物每頁橫頭之標語。又從第七十六期起，在封面加「專門仙學雜誌」字樣，以與其他刊物相區別。並在此六字兩側豎有「窮則獨善其身，達則兼善天下」等字。至此，揚善半月刊由一個以勸善爲主要目的的慈善刊物，發展成爲以研究仙學學術爲主的學術性刊物。直至民國二十六年即公元一九三七年八月一日第五卷第三期即總第九十九期出版後，因戰事影響而被迫停刊。

揚善半月刊前後出版發行共計九十九期，歷時五年。其中先師陳攖寧先生專述仙道的文章，在今日依然有着很高的學術價值，並且對中華全國道教會成立，也起着積極的促進作用。因此在新中國成立後，攖師也曾歷任中國道教協會秘書長、副會長、會長等職，並被道教界及學術界譽爲「當代的太上老君」「科學神仙家」「仙學的開拓者」。

揚善半月刊停刊後，編輯部諸同仁爲了能繼續研究仙道學術，遂在攖師主持、張竹銘師兄資助之下，於民國二十七年即公元一九三八年陽曆五月，因陋就簡，開辦了僅供攖師及少數幾個學生研究學習、由攖師每星期定期講座的，專門研究實踐仙學學術的仙學院。在這裏，攖師講解了參同契、靈源大道歌等數部仙道要典靈源大道歌由當時的丹道刻經會公開出版發行；參同契講義由汪伯英師兄手鈔，攖師訂正，僅有一本，藏於我的家中，其他學生攖師未允其等作筆錄。先師攖寧先生在一九五三年搬到我家後，爲我講解參同契時，作參同契辭解一部，以補充講義未盡之奧義。辭解一書，亦是孤本，因作於新中國成立以後，時汪伯英師兄已不在世，故亦未曾見。消息傳開，全國仙學界、道學界、名地道教協會、揚善半月刊的老讀者及攖師的諸學生，皆不欲仙學學術的公開研究因揚善半月刊的停刊而作輟，有不少人致函或親臨翼化堂善書局，希望能復刊，或能親臨仙學院學習。

經再三斟酌，攖師與張竹銘師兄、汪伯英師兄等，認爲仙學院雖利於集體用功，然地方狹小，不能容納太多人群，惟復刊尚可行之。遂於民國二十八年即公元一九三九年一月一日，重新編輯出版專門研究仙道學術之連續性刊物仙道月報。汪伯英師兄在創刊號發刊辭中，解釋了仙道月報命名之由來。其云，仙道雖有不同，然「仙不離道，道可育仙，仙道道仙，亦相須爲用而有不可分處，故本報定名爲仙道月報」。

仙道月報的辦刊宗旨比較明確，即每期封面所登載之六條：「一、本報絕對不談政治；二、研究仙道學術原理；三、討論仙道實踐工夫；四、提倡住世長存幸福；五、引證出世超脱事蹟；六、宣揚道家眞實教義。」

然仙與道畢竟有些區別，諸如道家的順天應命及道教的科儀經懺、畫符念咒之類，皆與仙學「務實不務虛」、實修實證、「幸福講生前不講死後」、「思想要積極不要消極」等宗旨不同。仙道月報在採稿時，雖以仙學爲主，然若來稿中有未脱離道教這個道教是對整個道家學術全體而言，非獨指狹義的道教而與仙學不同的内容，仙道月報社亦不完全拒絕。

仙道月報創始於民國二十八年一月一日，於民國三十年即公元一九四一年八月一日，總第三十二期出版後，又再度因戰禍而停刊。其前後出版三十二期，歷時三年。

仙道月報，與當時由攖師等開辦的仙學院相爲表裏。仙學院研究仙學學理，實證仙學工夫；仙道月報發表仙學院研究成果，聯絡各地仙學研究者，共同研究。故仙道月報上的修養文章，多是眞修實證之心得，在今日養生中，依然有着指導作用。而理論又是諸多仙學大家及實證者共同研究的結果，在今天的科學研究中，亦不失其學術價值。

最早將揚善半月刊與仙道月報整理出版的，是由臺北眞善美出版社出版，徐伯英編纂，袁介珪審定的中華仙學一書。由於徐伯英等所藏之刊物不完全，且對仙學學術的認識未深契其機，故此書對揚善半月刊及仙道月報中的學術性文章有篡改。更有甚者，其斷然將先師陳攖寧先生在這兩種刊物中「陳攖寧」、「攖寧子」、「攖寧」等署名，一概妄改作「圓頓子」；將仙學文章中「攖寧按」、「寧按」等，一概更作「圓頓按」、「頓按」，實不知中華仙學編纂者是何用心。而大陸的鈔書家們，又多不加分析，照鈔中華仙學之內容。更有甚者，乃是現代治中國道教史者在闡述三十年代道教史及仙學創立情況時，多未經考據，亦依中華仙學所述而治史，實大失科學研究之嚴謹態度。有鑒於此，我們只有將揚善半月刊及仙道月報重新整理一番，讓其本來之面目重現於世，使仙學的研究，近代道家史、道教史的研究，有據可尋。並爲老師「陳攖寧」三字及其所倡導的仙學學術正本清源。

我們在整理中，主要將兩種刊物中有學術價值的，對道教延續有促進作用的，對中華傳統優秀文化的保留有貢獻的，及對今日修身養性依然有實效的內容，予以保存。其他如普通的揚善、勸誡等類文字，及語涉迷信者，基本上未作保留，以保存仙學的科學性、學術性與嚴肅性。

此整理稿名爲仙學輯要，共分六卷： 學理研究卷一，包括仙學、道教、道家流派，仙佛辯論，仙學研究的各家倡議，對道家、仙學、道教等批評文章及著作的批駁、點評，及如中國道教源流論、現代各種道門派別名稱、歡喜佛考、仙佛判決書等未曾公開過的文章，其中仙佛辯論文章，只是爲了研究學理，並非厚仙薄佛，尚希佛教人士勿以爲怪； 仙學答問卷二，是對兩百餘封讀者來函的解答，其內容包括仙學、道學、佛學、儒學等多方面，對中國傳統文化的研究，頗具學術價值，並首次公開了一封新中國成立後先師攖寧先生回覆黃懺華先生的信； 仙學經典卷三，收錄了已經他人公開出版過的攖師仙學著作及當時一些仙學研究家的著作，並首次公開了攖師的金丹三十論、常遵先先生的睡功訣註、竺潛君的長春語錄發揮、靈玄子君的邱祖內功周天火候歌訣等多部著作； 仙學旨要卷四，主要針對於仙學的實修，其間除攖師論白虎首經、讀知幾子悟眞篇集註隨筆等實修重要文章外，也首次批露了攖師關於仙學修煉中頗爲重要的如與某道友論雙梅景闇叢書之利弊、與某道友論陰陽工夫、與林品三先生談話記及海印子先生西派口訣他書未曾刊出者等文章； 仙家詩詞卷五，主要收錄了當時高道大隱之養性詩詞，及與仙學修養有關的長篇丹訣與詩歌等；　丹經序跋卷六，是由攖師等當時仙學大家爲十餘部丹道仙經所作的序跋。並附錄一卷，收錄了揚善半月刊和仙道月報的辦刊回顧及發刊、劍仙事蹟等。尚有攖師所著五祖七眞像傳未在此書收錄，以後或可整理出版。

我們將仙學輯要作爲非子不語——陳攖寧先生仙學研究系列叢書的第一部，是因爲揚善半月刊及仙道月報乃最早提出仙學理論者，並對仙學、道學與道教的研究及發展，起着重要的作用，在史學上也有一定的價值。望仙學愛好者、道學研究者、道教研究者及養生愛好者，注意及之。

另本書中，凡有「攖寧」、「寧」、「攖寧按」、「寧按」等，皆指先師陳攖寧；　凡有「本刊」、「揚善雜誌」、「半月刊」者，皆指揚善半月刊；　凡有「本報」、「仙道報」等，皆指仙道月報。特此說明。

輯要的整理歷時三年，雖未敢稍懈，然錯誤之處或未能免，尚希諸眞修明家及諸讀者，能批評指正之。謹爲序。

胡海牙公元二〇〇一年元月於北京

寧夏道教史序

張宗奇君二〇〇〇年開始，隨從我學習中醫針藥和仙家學術，對道教的歷史和文化頗爲用功。寧夏道教史是他近年來學習和研究的一個收穫，我很高興看到這本書。

他是仙學研究的一個參與者，也從仙學研究的長足進步中受益。他對中國道教史有自己的觀點，比如，認爲道教作爲宗教的三個要素神、教職人員和儀式在西周時已很完備，張陵所創的只是五道米道，後稱天師道，僅開了正一派的先河；他認爲道教信仰的核心是道，聖人「設像立教」，是爲教化普通大眾，實際上，道教與世界上所有的一神教一樣，引導信眾與同一個造物主即道進行交流。這些觀點，將道教產生的歷史大大向前推進了幾千年，也解決了道教研究中似是而非、長期困擾學者的一些問題。所以，他寫寧夏道教史時，即從黃帝向廣成子問道寫起，可以說是提綱挈領、順理成章了。他是從中國道教史的大廣角度來寫寧夏道教史的，既補充了中國道教史的寧夏篇章，也寫出了寧夏道教史獨特的地方。這在本書的後半部分表現尤爲明顯。

寧夏道教史文從字順，可讀性强。不但如此，作者在寫教理教義和經典等章節時，適應現代人生活節奏快、生活壓力大的特點，也從弘揚仙學精華的良苦用心出發，直接、間接地闡明了學仙修眞的一部分門徑和養生的一些理論。這些都不神秘，不過是仙家通過鍛煉，達到身心健康的方式和方法而已。在寫經典一節時，他既照顧到了道教一般信衆的需要，又以深入淺出的文字，介紹了一部分高深的仙學著作。有興趣的讀者，既可將此書爲入門書讀，也可作爲進一步研究、探索的一個基礎。

這本書，不但寫了寧夏道教研究上的情況，也照顧了今天的實際，甚至對有關寧夏道教的學術和藝術，也作了詳細的介紹。從章節的安排到行文，均體現了作者的深心。

我很高興宗奇君研究和耕耘的這一收穫，他早在寫作過程中，即聲言要請我作一篇序。今天寫下這些文字，希望他在仙學研究領域，不斷有新作品問世。

胡海牙　二〇〇五年八月

答劉承遠聽胡海牙老師講氣功雜談筆記要點問

海牙按　近日整理故紙堆，翻出一篇愚一九八六年初在航天部禮堂講課時，劉承遠君根據愚講課內容所做的筆記及提出的有關問題。觀其中內容及所問諸節，對今日喜好修養之士亦頗爲重要，故將此稿原文問以愚當時未能盡言者，重新整理一過，公開發表，供讀者參考。

一、氣功流派很多，現在指一九八六年左右，這時是氣功熱潮氣功很時髦，什麼都是氣功。甚至一杯茶，一塊點心，都是氣功茶、氣功點心。還有千里治病，千里滅大森林之火災，簡直比濟公活佛更神通廣大。當然，這些裏面有眞有假，要有識別能力，懂得假的，纔能認識眞的。三國演義中的左慈把聰明過人的曹操都騙了。要識別眞假，還應懂得一點魔術。問懂魔術在今天有什麼意義？

海牙答　今天只所以談這個問題，是因爲我們不少氣功愛好者依然在蒙受一些人的欺騙。

自古以來，魔術就被一些方士用來惑眾。如三國演義中的左慈及拙著仙學指南一書所收錄的我所見到的活神仙一文中的王顯齋和周仲平兩位假神仙、戲說扶乩中乩手們的騙術，都是利用魔術的手段來騙人的。當然，這類的騙術中，有一部分是善意的騙術，但大多數存有個人功利在內。如果要明白養生的眞實內容，首先得明白哪些是魔術，哪些方法是錯誤的，哪些方法是沒有用的。這樣，眞正的東西就會漸漸地清晰起來。

記得當初張震寰、李之楠二位先生來愚寓所，請愚對他們請來的特異功能人士做鑒定。愚當時答覆他們，不用去看，因爲愚從十九歲上山學仙，到今天還沒有什麼特異功能，他們那些特異功能人士學上一年半載就能呼風喚雨，沒有那麼便宜的事。現在回頭看看，當時那些特異功能大師有的已經死去了。

愚只懂得在扶乩時，掛一支筆叫神靈自己寫字的方法，愚在當初遊學時，徹底地知道其中的奧妙。但這是一種魔術的手段與方法，一旦出口，大家都能做，也就沒有了神秘的感覺。所以愚比喻左慈之戲弄曹操，就是要氣功的研究及愛好者不要輕易上當受騙。

二、氣功的理論有零散的，有系統的。參同契、悟眞篇就是比較系統的，但看不懂。正因爲看不懂纔保留了下來。若是能看懂早就被毀掉了。對不懂的事情不要急於批判，今天不懂的事情，明天可能就懂了。爲什麼？

海牙答　參同契、悟眞篇一般人只所以看不懂，是因爲其中含有修煉的眞實口訣。這些口訣用之得當，於人大有益處；用之不當，非但無益，反而有害。是故，這兩部書中的口訣，傳承至秘，非能承擔大道者，不可得聞。張紫陽三傳匪人，三遭天譴，就是一例。如果懂了這兩本書中的眞實內容，是不願意也不能讓別人知道的，所以要毀掉。但現在大多數人不懂這兩書眞實內涵，眞懂者只是極少數。

或有問：何種人纔可算能承擔大道者？答曰：先師陳攖寧先生金丹三十論原載揚善半月刊，今收錄於拙著仙學輯要一書中所謂的「倘能得英雄氣魄與菩薩心腸兼而有之者，最合資格；不得已而思其次，亦要當得起『君子人』三個字的名稱」，否則恐於此道無緣。所以我們現在教人，先從養生健體方面做去，待身體康健以後，再做更進一步的工夫。循序漸進，慢慢地再來研究參同、悟眞上面的工夫，方不致誤入歧途，走冤枉路。

三、中醫是哲學又是科學。中醫是辨證的，又是科學的。西醫靠化驗，它是科學的。十個西醫看病，根據化驗結果，十個醫生的意見是一致的。中醫則不同，十個大夫對一種病的看法和處方就不一樣。所以中醫不能會診。氣功同樣也是不能在一起討論，一討論就打架。十個人聽一個老師講課，其心得體會也不一樣。請老師詳細講解一下。

海牙答　這裏所謂的中醫與氣功不能相互討論，主要是因爲這兩門學問中存在有經驗與思悟的成份。不像西方科學，它們是程式化的東西，答案大多數只有一個。因爲每個中醫大夫由於經驗不同，所以看法不同。十個學中醫的，同樣看一本黃帝內經，而每個人的側重點與體會都是不相同的，應用於實踐中，對同一種疾病也就有了不同的看法。中醫好就好在這裏，不好也不好在這裏。現在的氣功養生同樣是這個道理。

四、過去煉氣功的人中，有不喫飯、不喝水的說法，是不可信的。我按：指胡海牙親自調查過，他們還是要喫些東西的。他們喫的東西成份是：一喫黑棗。喫七個黑棗一天不餓。喫的方法是面向東方，邊吸氣邊往下吞，有「咕冬」聲。叫「服」。不出氣，不打咯，不放屁。請老師談一談詳細修煉的方法。

海牙答 劉君此處所記不詳，今且將古傳「服棗辟穀法」詳細說一下。所謂辟穀者，卽不食五穀之意。古云：「食氣者，神明而壽；食穀者，智慧而夭。」辟穀的目的也就是在於食氣而不食五穀。古人修習辟穀法，須先煉氣。所謂煉氣者，卽是將口閉住，舌抵上腭，用眞意守住下丹田。煉時，卽斷絕早晚兩餐，每日僅食一餐，時刻凝神守下丹田，鼻息宜細。如此七日後，卽兩日一食，必須素食。再煉七日，纔正式進行辟穀的煉習。

先用黑棗四十九枚，分爲七七之數。第一日面向東方立定，候日將出時，取東方青龍之氣吹於七棗上，然後將七棗一氣食完，存想青氣入肝。第二日面向南方，取赤帝朱雀之氣吹於七棗上食之。第三日面向西方，取白帝白虎之氣吹於七棗上食之。第四日面向北方，取黑帝玄武之氣吹於七棗上食之。第五日立於中央，取中黃正氣吹於七棗上食之。五日共食三十五棗，下餘十四棗，六取中央之氣吹於棗上，此十四棗每日食一枚，食完爲止。凡食棗以後，必須行立坐臥元神不離下丹田。據煉習此道者言，如此煅煉百日，則腹内完全充滿先天眞氣，自然不饑不餓，並能達不病不死，入長生之果境界。且言，煉後萬不可再食，如要食時，必須先飲，慢慢將腸胃潤開，始能食，不然有性命危險。

又，先師陳攖寧先生曾說過，無論何種斷食辟穀之法，僅可以解決喫飯的問題，而不可以達到成仙的目的。如果眞到生活困難的時候，不妨借重此術，逍遥物外，免致仰面求人。若欲專恃辟穀術爲修道之梯航，非古仙之本意也。做命功能結内丹，做性功能入大定，則不必求辟穀而自然辟穀矣。中年人身體上總有多少虧損，倘不從積精累氣下手，如何能結丹？既不能結丹，如何能出陽神？然積精累氣之作用，須要從食物滋養中煉出精華，譬如從幾十斤鐵中煉出一斤鋼來。若下手就斷食，是鐵尚未有，鋼從何來？豈非永遠無結丹之希望乎？辟穀之法雖佳，但非人人能用。故只可爲上智說法，中材以下，難知難行。若信辟穀足可以解決普通人類爭食之問題，仍是一種理想。惟少數修仙學道之士，隱居深山窮谷，食物運輸，深感不便，儲蓄乾糧，常憂匱乏。辟穀之方，正爲此輩而設。

紫陽眞人張伯端悟眞篇云：「休妻謾遣陰陽隔，絕粒徒教腸胃空。草木金銀皆滓質，雲霞日月屬朦朧； 更饒吐納與存想，總與金丹事不同。」可知辟穀非大道也。

伯夷、叔齊、張良等人，晚年也在辟穀。只不過他們的辟穀不是不吃五穀，而是不吃皇糧。還有一些深山修煉之士，常以野果、黃精等藥物爲食，亦可稱之爲辟穀。

清乾隆年間紀昀在紀曉嵐家書寄儀南叔中曾記載了這樣一則故事。說明朝正德年間，在青島嶗山白雲洞有一位修道者，枯坐山木石之間，不食不死，亦不知有多少年歲月，只覺其滿身苔蘚，已與木石同色耳。然呼吸並非完全斷絶，目炯炯尚能視。此君是時已達辟穀不食之境，但誠如紀昀所言：「不生不死亦何貴於修道，反不如人之快樂，鬼之逍遥也。按此人修道功夫，決非淺鮮，只因未生道骨，未結仙緣，遂致煉成靈兒，不能出竅行空。或云以白刃破其頂，即得兵解而成鬼仙，此亦臆測之詞耳。夫人深山潛修數十百年，尚不能飛昇得道，則世之愚夫愚婦，溷處紅塵中，手握牟尼珠，口喃喃虔誦經咒，妄冀得道長生，多見其不知量焉。」可見紀昀雖非的論，然其見識却決非一般俗流能比。

第二個叫「伏」，第三個字叫「復」。當時未聽清，請老師說明。

海牙答 「伏」法有二義： 初機降伏，末後藏伏。

初伏工夫，亦猶儒之克己愼獨，用漸法伏住煩惱業力，調伏惡劣根性，管攝嚴密，堅持正覺，不使此氣外馳暴動。

古云：「服氣非伏氣，服氣須伏氣；　服氣不長生，長生先伏氣。」此言下手用功時，靜極陽生，活子時現，外腎翹舉，小藥乃產，須用伏氣口訣採小藥歸爐，可利長生也。此伏氣，乃蟄伏之伏，非普通傳授之小周天服氣循任督上下運行法，亦不同於世間流傳「吸氣入腹遂卽閉氣不出」法。此仙家之養生眞妙訣也。

訣曰：「一吸便提，氣氣歸臍；　一提便嚥，水火相見。」卽功中一遇陽生活子時至，小藥產生，卽用訣：　以鼻吸氣，同時陽物回收上提至臍，兩般作用會合於臍內，然後將口中之氣與津液混合如吞嚥食物狀與吸提之氣相合，以意伏在臍內，呼吸仍回歸於自然，不可憋氣於臍內，如此水火自然相見，自身坎離相交矣。此卽所謂的「伏」。

末伏工夫，專氣致柔，眞息綿綿，含光默默，無來無去，不出不入，息息歸根，退藏於密。經云：「胎息從伏氣中結。」伏氣是意伏，不是氣伏，氣伏是要出毛病的。

所謂「復」法，卽金丹返還之功也。精未足者先還精，氣未足者先還氣，神未足者先還神。三品斯足，一貫復元。復元心法，就是眞傳，由分入合，培補後先，從無生有，攝末歸本，以氣合神，以神馭氣，一意沖和，包裹混沌，一陽來復，金丹結成。

五、現在煉氣功，以前叫學道、煉丹。煉丹分外丹、內丹，把汞煉成銀，叫煉外丹；煉內丹，是有物質基礎的，不是唯心的。煉丹的第一步工夫就是要健康的長壽。若是不能健康的長壽，就成爲「老而不死」了。要想達到健康的長壽，必須先煅煉精氣神。

第一，要懂得衛生、養生、攝生。

衛生：防止病從口入和各種污染的侵害。

養生：有粗有細，涉及面很廣。農村里長壽的人比例多，與空氣好、食物新鮮、體力勞動多等條件有關。有個長壽國家的人們，自製酸牛奶吃，酸牛奶能夠殺死過盛的大腸杆菌，若能吃一個禮拜，休息一個禮拜，效果更佳。逍遥散步，也是養生的方法之一。

請問逍遥散步如何做法？

海牙答　逍遥散步，即緩緩行走，精神貫足，思想樂觀，瀟瀟灑灑，如行雲中，自得其樂。

攝生：鮮爲人知，但十分重要，許多好東西是從太陽光中來。請問老師攝取的方法應如何做？

海牙答　攝生不同於養生。先師陳攖寧先生老子第五十章研究中曾言，攝字當有四種作用：一，攝持自己身心，勿使妄動；二，收攝自己精力，勿使耗散；三，攝取外界物質，修補體內虧損；四，攝引天地生氣，延長人的壽命。可知，攝生是一個比較廣泛的問題，又是一個很專業的問題，隻言片語，難以盡言。如黃帝內經中所謂的「恬淡虛無，眞氣從之；精神內守，病安從來」，廣成子告黃帝語「無勞汝形，無搖汝精，乃可以長生」，老子道德經中所謂的「虛其心，實其腹」等，都是攝生之要言。

第二，煉氣功要有老師「點化」，沒有老師指導也可以煉功，但就像沒有受精的鷄蛋一樣，孵不出小鷄來。女人同男人，老人同小孩在開始煉功時是不同的，也不容易說得清楚。請問老師他們的不同在哪裏？

海牙答　古人對男女老少的修煉，都有不同的要求，一般來說，男子先要斷白虎即煉精化氣；女子先要斬赤龍即煉斷月經；未破體之青少年，直接進入煉氣化神的修煉；老年男子絕精者，先要使無精爲有精，此即前面所謂「復」字訣，再將精煉之成氣；老年婦女絕經者，先要使經復來，再煉斬赤龍工夫。此入手之不同也。這只是對急進法而言。若緩進法，即男女老幼，皆依抱元守一法，使精不復者自復，經不來者自來，白虎不斷自斷，赤龍不斬自斬，惟成功速度稍緩而已。

第三，守竅老少有區別，年紀大的可以守丹田，似守非守，若有若無。思想集中，不在裏，不在外，在呼吸之間的「息」字上。即休息之意。不想口鼻呼吸，也不想丹田呼吸，在渺渺茫茫之間。年紀輕的人，不守丹田。請問老師該守何處？

海牙答　佛家罵道家修煉者爲守尸鬼，蓋因中國傳統的道家修煉中，多有言及守竅者。而不明修道之眞傳者，往往死守住身體的某一部位，不知變通，從而出現許多弊端。比如年輕人守下丹田以煉精化氣，往往是越守精越不化，越煉越是遺精。並且，本來人的精氣神散居全身各處，然因修煉者意念集中一處，全身的精氣神亦隨之聚積一處。如有遺精現象，更或者有家室之人在行房中出精，所遭受的損害，比不煉功更甚。我們認爲，最上乘的煉精法就是煉氣不化精，也就是廣成子對黃帝所說的「勿搖汝精」的工夫。

先師陳攖寧先生云：「遺精之病，在普通男子生理上是極平常的現象，何以修煉家每逢走丹，就大驚小怪，認爲不幸之事？這也有個原故。因爲不做工夫的人，周身精氣神是散漫的，不是團聚在一處，雖然偶有漏洩，尚無關重要；做工夫的人，常喜回光返照下丹田，日積月累，將全身精氣神團聚在下丹田一小塊地方，保守不得其法，遂至衝關而出，不但前功盡棄，而且身體大受損傷。譬如人家所有的金銀財寶，不肯放置各處，偏要謹愼收藏在一個鐵箱之內，強盜入門，拿出手槍，逼迫主人，把鐵箱打開，搜括乾淨，立刻就變作貧窮之人了；若當日將貴重之物四散放置，不聚於一處，縱令喪失一部分，但其他部分尚可以保存，可惜主人見不及此。世上凡做金仙證論及慧命經工夫的，大半犯了這樣毛病。」

若問如何避免這些弊端的發生，我們認爲，先師陳攖寧先生靜功療法中所講的三步功法比較穩妥：一，身體不動；二，念頭不動；三，忘記自我。

由於固有的意守觀念，使好多修煉者，形成了一種不守則無處下手的概念。對於此，愚在先師陳攖寧先生「聽息法」的基礎上，總結了一種「聽皮膚」的法門。即修煉者不拘坐臥，全身放鬆，不空不鬆，微微將念頭放全身的皮膚及毛孔，聽皮膚毛孔的開闔。皮膚毛孔之開闔，用耳本是聽不見，但將意識放在全身之皮膚毛孔，圓滿似太極拳中的渾身掤勁，則自然會感覺到皮膚是在一開一闔，一呼一吸。如此久之，呼吸之息氤氳布滿於全身，一開一闔，遍身毛竅與之相應，而鼻中反不覺氣之出入，直至呼吸全止，開闔俱終，脈停息住即內家拳所謂不能吞不能吐，似死人然。此卽古仙所云「未死先學死」。這個暫時的死能由自己作主，然後長久的生方能由自己做主。此時外表雖如死人，無呼無吸，脈搏若無存，而其生理上已起了微妙的變化，非但比較其死人絕不相同，卽比較普遍活人亦大大兩樣。如是，胎息自然而成，則入定出神之期不遠矣。此「聽皮膚」法，較之其他方法方便，且絕無流弊。只要修煉者依法而行，自然會達到胎息的境界。

第四，老、中、幼年的呼吸量不一樣。幼兒吸多呼少，中年呼吸平衡，老年吸少呼多。根據這個特點，老年人該注意什麼？請老師說明。

海牙答 修煉一道，貴在用逆。要將普通雜亂無章之呼吸，調整爲有規律的利於人體長壽、長生的呼吸，以至返歸於嬰兒在母胎中之不用口鼻呼吸的「胎息」。如此，人的生命纔有保障。是故，歷代修煉家下手之初，皆將鍛煉呼吸作爲首務。世間鍛煉呼吸之法雖多，其目的無非是通過鍛煉，奪回先天之造化，達到嬰兒處胎時之脈住息停，鼻不呼吸的「胎息」境界。用上面介紹的聽皮膚法卽可。

第五，煉氣功不講大小周天，煉大小周天的出偏的多；　也不守一點，要守一片，整體？　守一點要出毛病。

第六，丹田無定處。請老師予以說明。

海牙答　關於丹田的說法，各家各派，由於傳承不同，說法也各不相同，頗難以一概全。另，丹田無定處，尚有另一層意思，這個只有少數人明白，且不宜公開宣講，恐出弊端。所以我們比較提倡聽皮膚的方法。這就是渾身無處不丹田。

第七，室外臥有弊端，不可取。室內臥較穩妥，只要空氣流通，但在煉功時不要吹過堂風。煉功要動靜並重。動是性，靜是命，動靜都煉，是性命雙修。八段錦、太極拳可以煉。流水不腐，户樞不蠹。請問做八段錦、打太極拳，如何纔算合乎法度？

海牙答　八段錦的鍛煉方法，請參考我們的內家八段錦一文。至於太極拳的打法，各家各派的書籍不少，我們也打算整理一些有關太極拳的書，這些事情正在籌備當中。總之，打拳煉功，要瀟灑大方，沉着有力，並不是完全地鬆馳。練太極拳亦可依照內家八段錦中運用暗勁的方法煉習。

拳訣云：打拳不煉功，到老終成空。打拳煉功是兩回事。煉功是養生之要道，防身之至寶。愚所見到的大多都是在打拳，而未見有煉功者。此即好多內家拳大師並不高壽的原因之一。

第八，煉氣功不能脱離現實生活環境，要隨遇而安，善於在亂中求靜。遇事情感不可太重，心情要樂觀，人不樂觀，細胞就不樂觀。每天有三十五億至四十億細胞新陳代謝，樂觀的關係重大。請老師講一講其中的道理。

海牙答　人是靠精氣神支撑的，如果精神思想常樂觀，則全身的細胞便會活潑，活的細胞會增多，而細胞的死亡率會減少，壽命自然就要延長；反之，如果精神思想常悲觀，則細胞的死亡會增多，自然會損害壽命。所以要時常保持樂觀的情緒，這是養生的要訣。

第九，慢跑步好，它可以使鬆馳的五臟六腑團結起來。這樣就不容易生病。參同契中講煉功的條件是財侶法地。財，是煉功的生活保障；侶是煉功要有伴侶；法，是煉功要知道眞正的方法；地，是煉功應有金木水火土五行俱全的地方。

六、沒有聽清的幾個段落。

第一，請問吃黑棗的三字訣。

海牙答　此即「服」「伏」「復」三字訣，但不是劉君所說的喫黑棗的三字訣。喫黑棗只用「服」字訣中的內容。

第二，太極圖中的中間一條線，不能偏一點，不輕不重。

海牙答　此則守中之道。萬事不離其中，走中間之路，也就是儒家所謂的中庸之道。太極圖是一個陰陽魚，走在陽的方面不對，走在陰的方面也不對，要走中道，不可偏執。訣曰：「脚踏虛靈，如履薄冰。」就是對太極圖中陰陽之道而言。

第三，胡耀貞先生功法：　有意無意地打拳，每次所打的拳法都不相同，有時則滿地打滾，有時全無意識。　請胡老師，這是什麼原因？

海牙答　由胡耀貞先生的功法，愚想到一首詩：「兩脚任憑行去處，一靈常與氣相隨；　有時四大薰薰醉，却問青天我是誰？」就是這個道理。

七、求師解答幾個問題。

第一，中醫是一家，氣功是一家，但是一家人坐不攏，談不來，這問題怎麼解決好？　現在一九八六年全國的氣功領導機構中國氣功科學研究會已經國務院體改委批準，卽日開始工作了，請教老師，若按「求同存異」的原則能否團結起來？

海牙答　團結起來很難。　因爲各人都有各人的特長，且大多都有門户之見，很難有曲己從人的。

第二，老師講道，過去許多煉功的人自吹自擂，可是他的壽命並不比不煉功的人壽命長；現今也可以看到有些煉功的並不長壽；有的煉功人卻死於癌症，有的癌症病人知道了自己的壽命受威脅，拼命煉功，卻長了生命期。這是什麼原因？請老師指教。

海牙答　有一個養鹿場，裏面也養了一條狗。狗每天追着鹿四處亂竄。場主很討厭狗逐鹿跑，便將狗送了出去。但不久，鹿場的鹿大多數都生了病。後來場主與朋友分析鹿生病的原因，最後得出是因爲沒有了狗的追逐，鹿缺少被動的運動，慢慢地就產生了疾病。場主便找回了狗，鹿在狗的追逐下，很快地又健壯了起來。他們後來便給這條狗取名鹿醫生。

根據上面這則故事的啟示，我們在治療神經衰弱患者時，一般是教以一兩個運動方法，讓他們自己治療。

健康的人煉功，往往會因爲自己身體無有疾患，而易產生懈怠的心理。而病人則不然，正因爲自己身體不好，所以煉功也比較認眞。特別是被當今醫學判定爲絕症的患者，更是加緊用工，反而得到了健康或生命的延長。這就是道家所謂的「人定勝天」「我命由我不由天」的一種眞實的體現。只有你用心去煉，自然會有好的結果。不過很多人懶惰不肯煉而已。這個懶惰病是最難治的。

第三，先天功與後天功的區別在什麽地方？煉哪種功效果好？

海牙答　我們現在常說的先天功，是指無爲而做；所謂的後天功是指有爲而做。比如先師陳攖寧先生靜功療法及靈源大道歌白話註解中工夫，就屬於先天功。這類功夫，效果緩慢，但没有流弊，只要認眞去做總會得到效驗。又如伍柳仙宗等書中所講的方法，屬於後天功，這些方法有一定程序，但做不好易出弊端。這只是一個極大概的分别。詳細的分别方法，一言半語難以盡言，此不贅述。

另，先天功與後天功尚另有一說，但不屬於這裏所要講的範圍。

第四，中略自從我患了心臟病之後，性機能逐漸衰退，現在五十九歲，就完全没有了性生活的要求。但不影響我健康和精神，所以我不以爲苦，反而爲樂，没有漏的顧慮了。不知我的看法是否正確？

海牙答　養生之道，貴在返還。性機能衰退，應煉之使其恢復，方爲合乎法度。

一九八六年一月十二日於航天部禮堂劉承遠

答意大利某先生二十四問

本問答係由意大利某先生所提出，由於地域的區別、文化的差異和語言習慣的不同，雖針對道學入門問題而設問，但很多內容用純粹道學的知識回答，恐難以完全說得明白，故隨機而答，並不完全不限定道學知識。又，相關科學知識，由於身邊無有相當的科學資料可供參考，只有根據記憶來回答，故或有不準確之處，尚祈諒之。

一、您怎麼入的門？ 什麼時候？ 什麼情況？ 爲什麼？

一九二七年，我十三歲的時候，外祖母送我到紹興東關人壽堂藥店做學徒，工作之餘，自己便閱讀醫藥方面的書籍，特別是在讀本草類的書籍時，每看到輕身類、長壽類、成仙飛昇類藥物時，我都有濃厚的興趣，幾乎到了如癡如醉的地步。因此，我便開始購仙道方面的書籍，尋求修煉的方法。當時我們藥店裏有一位俞嘉仁先生，對修養工夫很了解，我在看書的同時，也向他學習。一九三三年，我十九歲時，開始離開藥店，到四處尋訪修煉方面的老師。至於眞正的入門，是在一九四六年正式拜陳攖寧先生爲師後，纔眞正地掌握了仙道修煉的方法。

二、人為什麼有與道有緣份和與道沒有緣份之區別？

「緣」這個字頗不容易講。人們對與自己有關的事情，或自己關心的事情，總會給他們一個「緣」字； 對與自己無關的事情，或自己不關心的事情，總會說是無緣。其實有緣與無緣，主要是看自己怎麼去看待。至於說到前生後世之類，頗嫌唯心，不合乎科學，也沒根據，只不過是人們一直以來都這樣認為而已。

三、人、萬物有什麼關係？ 有什麼差別？

從根本上沒有區別。就像地球上有樹木、昆蟲和人一樣，人只是這個大環境中的一個小個體。對地球而言，所有的生物沒有什麼區別，都只不過是地球上的一個小個體而已，人也一樣； 對每一個單獨的小個體來說，則各不相同，故有人與物之別。雖然都說「人乃萬物之靈」，說人有智慧、有創造性，但物類中亦有有智慧、有創造性的，所以這種說法不完全。故從個體上來說，人與萬物不同； 從整個自然界來說，則都是自然界中的一種生物，沒有什麼區別。

四、性、命、氣、理、運氣和命運是什麼？

對人身而言，性偏重於人的精神一方面，命偏重於人的肉體一方面。氣與理範圍很廣，需要分別看待。運氣與命運之說，頗嫌唯心，較之科學，多難圓其說。

五、感應是什麼？因果是什麼？對人的命運有什麼影響？對人的本性有又是什麼影響？

感應一說，世間常有，但其中有科學的成分，也有迷信的因素，要分別對待，不可一概而論。因果者，因卽是一件事物的根源，果卽是事物最後的結果。中國有句古話，叫「日有所思，夜有所夢」，是講人白天如果老想着一件事或一些人，晚上做夢的時候自然會夢到這些事物和人，所思就是因，所夢就是果。又如科學研究，如果用科學的方法認眞細緻地研究某一種學科，自然會達自己預期的研究目的。如果不研究，或者研究不認眞、方法不科學，那結果就不會達到自己的目的。研究的方法及態度是因，能否達到目的是果。感應對人的命運沒有什麼影響，因果對命運有關係這裏的命運與宗教家的命運不是一個意思。而本性是與生俱來的，所以感應與因果都不會影響本性。修道者通過各種修養方式，爲的是認識自己的本性，並不是改變自己的本性。

六、有生必有死，生是什麼？死是什麼？生死與死生是否完全一致？

簡單地說，生就是一件事物的產生，死就一件事物的消失。卽如人，從母胎中，哇地一聲落地，卽爲生；等到人的呼吸斷絕，心臟停止跳動，卽爲死。有生必有死，是自然界的一個定律，任何事物都不能避免。中國的神仙家有感於此，不滿足自己生命有生有死之自然定律，便發明創造出種種修養的方法，來與自然之定律抗衡，以期生命能長久的存在，而不至於滅亡，這就是仙學的方法。至於所謂的輪迴學說，這種說法乃宗教家言，難以得到今天科學家的驗證。

七、人死後怎麼樣？都一樣或有差別？

人死以後，没有呼吸，没有了心跳，没有了思維，不能再從事活着的時候能從事的各種活動了，從這種意義上來說都是一樣的。說到差別，主要看對社會是否有貢獻，如一些科學家、文學家，雖然他們的生命已經結束，但他們的著作和研究成果依然在社會中產生着作用，從這種意義上說又是不一樣的。至於說上天堂、入地獄者，皆是迷信的說法，信則有，不信則無，從科學上也無法得以證實。

八、人的生死對入過門的人如何？死後如何？

普通人的生死，與入門不入門沒有什麼關係，卽便是入了道學之門、仙學之門，而修煉未能成功，仍然與普通人的死亡没有什麼區別。其不同者，是在生前對生命的態度積極與否。修道學仙的人，不滿足於人生命的短暫，故而創造各種方法來延長生命，雖然他們很多人最終不能達到長生不老的目的，但他們對待生命的態度是積極的；普通人只知道順應自然生死之定律，而不思尋求方法去改變，所以他們對待生命的態度是消極的。

有一種說法，講人死後靈魂還將存在，然得不到科學的證實，在理論上也不完全，故不足爲憑。

九、入門是什麼？入什麼門？

入門一說，可以用到各種行業之中，並不專指修道一途。比如有一間屋子，從外面什麼也看不見，只有走進去，纔能看到屋子裏的東西。走進去，就是入門。

入什麼門是針對學者的目的而言，要學仙當然要入仙學之門，要學佛當然要入佛學之門。世間的一切事物都是如此。

一〇、道是什麽？「道不可須臾離也」，那爲什麽要入門？修道是什麽？「道」能修嗎？

道是中國古代哲學上的一種概念，他揭示的是宇宙運行的公理，由於人們對這種公理没有一種概念，所以稱其爲道，此即老子道德經所謂的「有物混成，先天地生，寂兮寥兮，獨立而不改，周行而不殆，可以爲天下母。吾不知其名，字之曰道」。道充滿宇宙，無處不在，修道就是爲了體悟大道運行之規律，以使自己的行爲與道合爲一體。

一一、入門的最後目的是什麽？

人的志向不同，入門的目的也就有區别，其結果自然各不相同。如有的人入門是爲了屋中的金銀珠寶，有的人則爲是破磚爛瓦，有的人只是爲了看一看屋子裏的内容。譬之修煉，有人爲長生，有人爲祛病，有人只是想了解一下。所以目的是由個人的意志來決定的。

一二、仙學是什麽？ 道學是什麽？

簡而言之，仙學就讓人長生的學問，道學就研究宇宙根源的學問。仙學是一門實實在在的科學，有方法可以實驗，有結果可以證實；道學是一門哲學，有講天道的，有講人道的，有講帝王之道的，非專指某一項事物而言。在中國古代，這兩門學問是不相同的，到了現代，人們常常混作一談。

一三、怎麼成仙？怎麼得道？此兩者，最後一樣或者有差別？

成仙，須要經過一定方法的眞修實證，最後達到長生的目標，卽可名爲成仙；得道，只要明白了道的原理卽可算是得道，並不限定長生，古云「朝聞道，夕死可矣」，就是這個道理。其結果自然是有區別的。現在一般意義上的得道與成仙，講的是一個內容，所以現在所謂的得道成仙沒有不同，但已失去了成仙與得道的本來意義。

一四、從門內的觀點講，什麼是君子、賢人、眞人、神人、聖人、仙人？

君子、賢人、聖人，是做人的標準；眞人、仙人，是成仙的標誌；神人多流於迷信家言（莊子一書中所謂的「藐姑射之山，有神人居焉」之「神人」，是指仙人而言，與普通意義上的「神人」不同。這個是惟一的標準，不管是門內門外，都應依以此來判斷。

一五、所謂「有爲」與「無爲」是什麼？ 所謂「有爲之法」與「無爲之法」有什麼差別？有什麼作用？ 有什麼必要性？

有爲，就是有所作爲，有形跡可見； 無爲，就是無所作爲，無形跡可見。對修煉方法而言，有爲之法，就在形體上，意識上，方法上，都有一定的外在體現； 無爲之法，即在形體上，意識上，方法上，沒有外在的體現。有爲與無爲，相須爲用，只有無爲之法，或只有有爲之法，都嫌不完全，故古有「有爲中無爲，無爲中有作」之説。

一六、有所「爲」對修道有什麼必要性？ 「無爲」與得道有什麼關係？

有爲是積極去證道，無爲是自然的去證道。其間有方法之不同，其結果則没有區别。

一七、爲什麼「性」與「命」能够合一？ 「合一」是指什麼？ 「一」與「乙」有什麼差别？ 「不二」是什麼概念？

人的性與命本來就没有分離，性是指精神而言，命是指肉體而言，精神與肉體結合纔算是一個完整的人。人如果没有精神，只能稱其爲行屍走肉； 如果没有了肉體，則精神又無所依憑，都算不得一個完整的人。修道只所以要性命合一，是因爲人死後肉體便與精神分離。所以要將兩者煅煉成一塊，讓精神與肉體永遠團結在一起，不使分離，而長久存在於宇宙之間，這就是性命雙修而達到的仙人的境界。「一」與「乙」在這裏的意義是相同的，不過是在書寫上區別而已。不二，就是惟一。

一八、道與心的關係如何？心與性的關係如何？道與性是一是二？

心是指後天的意識，性指先天與生俱來的「本性」「本來面目」。道是對整體而言；性是指個體而言，是道的一個部分。實質上本無分別。

一九、仙學爲什麼能够作爲最可靠的道？爲什麼能令人成仙？

仙學是一門科學，他有一套完整的實踐方法，而且每一步都有驗證的標準，只要學者能按照他的方法依次修煉，必然會達到自己的目的，所以是可靠的。其所以能令人成仙，是因爲這門學問經過了幾千年來中國神仙家的實踐與完善，證實其對於人體的改變確有作用，所以只要條件完備，行之無差，成仙則是其必然的結果。

二〇、學仙有什麼條件？什麼人與仙學有緣份？

學習仙學，最好能多讀書，並且有科學的態度，有實踐的精神。讀書可以明白仙學的道理，只有道理明白，纔能科學地進行修煉。科學的態度是學仙者必須具備，因爲仙學是靠實修實證來驗證的，如果沒有科學研究的態度，對正式做工夫則多有妨害。實踐的精神，是指學仙不僅只停留在理論，還要進行親身的實驗。只有自己能親身試驗，對理論上的內容纔會有一個眞實正確的認識。

凡是喜歡仙學的人，都可算是對仙學有緣份，當然對有科學研究精神的人，仙學則更爲歡迎。

二一、仙學修煉是否分「漸道」與「頓道」？爲什麽？

仙學修煉有漸道與頓道之區別。這是因爲人類的體質不同，稟賦各異，再有時代、環境、習俗、禮教、道德、社會、宗教、家庭、信仰、法律、性別、年齡、學問、志趣、傳授種種限制，遂產生「漸」與「頓」不同的法門。

二二、「仙」是什麽意思？爲什麽「人」與「山」？

釋名云：「老而不死曰仙。仙，遷也，遷入山也。」仙，就是長生不死的人。過去的修仙者，最後都要進入山中作最後的了手工夫，古書常有「歸入山中，不知所終」的記載，所以「仙」字從「人」從「山」。

二三、孔子講「仁者樂山，智者樂水」，仁與仙是否有密切的關係？

我的老師陳攖寧先生曾說過，學仙的人要「英雄氣魄與菩薩心腸兼而有之者」，其中的菩薩心腸則含有仁慈的方面。

二四、仙學修煉分幾個主要修煉層次？每一個層次的特點是什麼？

仙學的修煉層次，依次分爲衛生、養生、攝生、再生、長生等。衛生是針對一般人的健康而言；養生則在衛生的基礎，還要注意保養、養護生命，不使生命受到意外的傷害；再攝生，是在養生的基礎上，從外界攝取有益於生命物質，以完固生命，使之能長久；再生，是指仙學中陽神出殼的工夫，因爲人的肉體不易保存，故把身體中的精微物質煅煉成一塊，從而脫離肉體的束縛，達到身外有身的境界；長生，則是使陽神長久存在。這只一個大概的區別，詳細分起來，更有很多細微之處，非言語可以盡述。